Vergessenes Kind 3

Anais C. Miller

Das Finale...

Als Kind denkst du, dir gehört das Universum. Bis ein Erwachsener daherkommt und dich eines Besseren belehrt. Der Schmerz verlässt dich dann, wenn er sicher ist, dass er dich etwas gelehrt hat. Es ist jedoch nie zu spät, so zu sein, wie man gerne gewesen wäre...

Text: Anais C. Miller

Fotos: Pixaby & Franzy F. Privat

Printed in July 2017

All das Lächeln, ich weiß, was es braucht, um diese Stadt zu täuschen.

Ich werde es tun bis die Sonne untergeht und die ganze Nacht werde ich dir erzählen, was du hören willst!

Lasse meine Sonnenbrille auf, während ich eine Träne vergieße.

Es ist niemals die richtige Zeit…

Kapitel I

Meine heile Welt

Sein Versprechen hatte er gehalten. Er, der alte Mann. Nachdem ich eine äußerst dreckige Nummer mit ihm durchgezogen hatte, weil ich mich von ihm zu meinem Traummann „Freddy“ führen lassen wollte, hielt er sich an unsere Vereinbarung und geleitete mich zu der Wohnung meines „Traumprinzens“. Als er auf die Klingel mit der Aufschrift „Frank“ zeigte, machte er auf dem Absatz kehrt und blickte sich ein letztes Mal stillschweigend um. Sein versteinerter Blick traf den meinen: „Viel Glück kleines, dummes Mädchen!“, brummte er kopfschüttelnd. Es machte den Anschein, als wusste er genau, dass er mich am Eingang der Hölle abgeliefert hatte. So kurz vorm Ziel betrachtete ich verunsichert die Klingel, als ich plötzlich eine mir vertraute Stimme vernahm. „Kann ich weiterhelfen?“ Plötzlich stand er hinter mir. Mein Traumprinz! Freddy! Langsam drehte ich mich zu ihm um. Mein Herz klopfte bis zum Hals. Sprachlos und staunend stellte ich fest, dass er noch immer diese besondere, unglaublich faszinierende Wirkung auf mich ausübte. Freddy blickte ziemlich verdutzt drein. „Woher weißt du, wo ich wohne, Franziska Friedrich?“ Seiner Stimme nach zu schließen, war er wenig erfreut über meinen Besuch!

Jedoch ließ ich mich nicht beirren. Mit welch euphorischem Klang er meinen Namen aussprach! Es war zum Niederknien. Dass die pure Ironie aus diesem Jungen sprach, erkannte ich nicht. Bestimmt würde seine anfängliche Entgeisterung und eher ablehnende Haltung mir gegenüber in Freude umschlagen, wenn er erfuhr, warum ich ihn aufsuchte.

„Ich musste dich wiedersehen!“, gestand ich wahrheitsgemäß. „Du willst Sex, nicht wahr?“ Freddys Augen blitzten geheimnisvoll und er lachte dreckig. „Ich habe mich in dich verliebt!“, leise und melodisch bildeten meine Lippen diesen Satz. Pure Poesie sprach aus meinem Herzen! In meinem Bauch tanzten lauter bunte Schmetterlinge. Tatsächlich glaubte ich, dass mein Traummann vor Begeisterung über mein Liebesgeständnis Freudensprünge vollführen würde. In Freddy hoffte ich einen guten Kern erkannt zu haben. Dieser Junge wusste vielleicht gar nicht, dass er ein feiner, liebevoller Mensch war. Wie hätte mein Herz ihn lieben können, wenn er ein Arschloch gewesen wäre? Die anderen Mädchen, die von der Straße, titulierten ihn mit bösen Zungen als regelrechtes „Dreckschwein“. Dumm und naiv war es von mir zu glauben, Freddy auf den richtigen Weg zu bringen. Meine Mutter sagte immer, wenn man verliebt wäre, würde man lauter verrückte Sachen machen und die Welt durch eine rosafarbene Brille sehen! Ihr könnte das nicht mehr passieren und sie würde sich ohnehin in diesem Leben nicht mehr verlieben. Freddys Freudensprünge über meinen Besuch blieben aus. Stattdessen nahm er mich wutschnaubend mit in seine Wohnung hinauf. In den 3. Stock. „Wenn du schon mal hier bist, vielleicht bist du ja doch zu etwas zu gebrauchen.“, knurrte er mürrisch. In der Küche seiner Wohnung traf ich auf ein völlig verängstigtes Mädchen, welches ich nie zuvor gesehen hatte. Auch auf dem Straßenstrich waren wir uns nicht begegnet. Ihr Alter schätzte ich auf meines, etwa 14/15 Jahre. Ihr Gesicht zeigte deutliche Spuren des Drogenkonsums. Blass war ihre Haut, hängende Augenlider, ein leerer, beinahe toter Ausdruck lag über ihrem Gesicht. Ihr furchtsamer Blick begleitete meine Schritte. „Das ist Susanne!“ Freddy warf seine Jacke lässig über die Lehne des Küchenstuhls und griff sich heldenhaft aus dem Kühlschrank ein Bier. Mit einem lauten Zisch öffnete er die Dose und nahm einen kräftigen Schluck. Der Gerstensaft lief seine Mundwinkel entlang und tropfte auf das feinsäuberlich gebügelte Seidenhemd. Als Freddy sah, dass ich es bemerkte, wischte er sich mit dem Hemdsärmel provokativ über seine Lippen. Es schien ihm nicht einmal peinlich zu sein. „Oder möchtest du es mir aus dem Gesicht lecken, Franzy?“, provokant streckte er seine Zunge aus dem Mund und ließ sie in wilden Bewegungen über die Lippen kreisen. Susanne saß versteinert auf ihrem Stuhl und wagte es nicht ihren Blick zu heben. Regungslos starrte sie auf den Küchentisch. Sie rührte sich nicht. Ihre Arme hingen schlaff und starr an ihrem ausgemergelten Körper herunter, so als wären sie fixiert worden. An ihnen erkannte ich blaue Flecken und tiefe Hauteinschnitte, die wahrscheinlich von einem Messer herrührten. Susanne war anscheinend eine „Ritzerin“. Diese Erkrankung wird auch als Borderline bezeichnet. Offensichtlich hatte sie diese neurologische Persönlichkeitsstörung. Susanne erweckte insgesamt einen ziemlich fertigen und leblosen Eindruck.

„Was ist mit ihr?“, fragte ich mitleidsvoll. Meine Frage richtete ich an Freddy, weniger an das Mädchen, weil ich glaubte, dass sie ohnehin nicht in der Lage wäre zu sprechen. Sie schien wie in Trance und vom weltlichen Geschehen abwesend. Teilnahmslos und nicht ansprechbar. „Sie ist meine Gespielin! Meine Sklavin! Sie tut alles, was ich von ihr verlange!“ Freddy warf sich in Pose und nahm demonstrativ Susannes Arm, der noch immer schlaff auf dem Küchentisch ruhte. Rabiat drehte er dem Mädchen das Handgelenk um. Eine Tätowierung wurde sichtbar. „FREDDY“ las ich. Freddy lachte bitter. „Mein Brandzeichen! Damit jeder weiß, zu wem Susanne gehört, falls sie mir einmal abhandenkommen sollte! Sie ist MEIN Eigentum!“ Freddys Betonung lag deutlich auf dem Wort „mein“. „Die Mädchen gehorchen mir bedingungslos, Franziska! Möchtest du dich ihnen anschließen? Dafür dass du mir dienst, schenke ich dir meine volle Aufmerksamkeit und uneingeschränkte Liebe. Es wird dir an nichts fehlen, Franzy! Du musst nur tun, was ich von dir verlange! Meinen Anweisungen folgen und ich werde dich großzügig entlohnen!“ Freddy schritt um mich herum wie ein Tiger, der sich seiner Beute begutachtend näherte und griff im Vorbeigehen flüchtig an meine Brüste. Einen heißen, lustvollen Blick warf er mir zu. Für einen Moment empfand ich Freddys Erklärung lachhaft. Tätowierung… Sein Eigentum… Susannes menschliche Erscheinung erklärte alles. Dieses Mädchen war ein menschliches Wrack. Hingerichtet von diesem Menschen, an den ich mein Herz verloren hatte.

Nichts anderes als die untergebene Dienerin eines irren Zuhälters und am Ende ihrer Kräfte angelangt. Vielleicht würde sie bald sterben, dachte ich entsetzt, während ich den Blick nicht von ihr lassen konnte. Ein kurzes Hinschauen in Freddys wundervolle, funkelnde Augen ließ mich schwächeln. Diese Aura, die Freddy umgab, hielt mich gefangen in meiner Wahrnehmung, die richtige Entscheidung zu treffen. Nämlich mich von den Gräueltaten dieses kleinen Ganoven zu distanzieren und fernzuhalten. Anstatt die Wohnung zu verlassen, gelangte ich gedanklich in das Reich der Träume. Völlig verblendet war ich vor lauter Liebe. „Franziska?“ Freddy gab mir einen unsanften Stoß in meine Flanke. Er forderte eine Antwort. „Ich bin schwanger, Freddy!“, brach es aus mir heraus. Freddy lachte höhnisch. „Ja fein! Eine schwangere Hure haben wir hier also! Die lässt sich doch besonders gut ficken durch die wilden Freier da draußen! Hervorragend! Deine Brüste werden schön groß und bald riechst du nach Milch! Du nimmst den Muttergeruch an und dein Wesen verwandelt sich vom lüsternen Vamp in eine liebevolle Mami! Die Freier werden dich dafür lieben, Franziska!“ „Das Kind ist von dir, Freddy!“ Freddy lachte laut. „Ja und? Meinst du, ich spiele den fürsorglichen Vater für dein Rotzblage?“ Freddy griff äußerst grob meinen Arm und zog mich brutal zu sich heran. Er küsste mich unsanft auf den Mund und griff gierig an meine Brüste. „Oh ja, sie sind schön prall, und sie werden größer und größer!“ Plötzlich riss er mit seinen stählernen Händen den Ausschnitt des

T-Shirts entzwei und durchtrennte den Verschluss des BHs mit einem kräftigen Ruck. Meine blanken Brüste küsste er hemmungslos, gleich einem wilden Tier. Vor den Augen von Susanne. Er umgriff unsanft meine Taille und richtete meinen Körper demonstrativ in Susannes Blickwinkel. Meine Brüste ihrem Gesicht zugewandt. Susanne jedoch hielt weiterhin ihren Kopf gesenkt. Tunlichst vermied sie es in meine Richtung zu blicken. Steif, stumpf und starr saß sie regungslos auf ihrem Stuhl. Sie glich einer Statue! Es war, als getraute sich dieses Mädchen nicht einmal, einen Atemzug zu nehmen, so eingeschüchtert war sie. Freddy stellte sich eng hinter mich. Seine Hände fummelten fortwährend an meinen Brüsten herum. Er knetete sie so hemmungslos, fest und heftig, dass mir der Schmerz Tränen in die Augen trieb. Sein Mund küsste meinen Nacken, als wäre Freddy ein lüsterner Vampir, der mich gleich in die Abgründe des ewigen Lebens verführte. Stöhnend suchten seine Lippen den Weg entlang des Halses hinunter zu meinen Schultern. Meine Haare riss er mit einem festen Handgriff brutal zur Seite. Am Schopfe haltend zog er meinen Kopf in den Nacken und küsste mich hemmungslos auf den Mund. Immer noch stand er hinter mir, eng an meinen Körper gedrückt. Sein starker Arm hielt meinen Körper gefangen. Ein wohliger Schauer durchlief meine Venen, als ich seinen harten Penis an meinem Po durch die Jeans hindurch spürte. Schmerz und Erregung zugleich, welch herrlicher Zustand.

Völlig ergeben war ich diesem penetranten kleinen Wixer, dessen Mutter ebenfalls eine Hure wie meine gewesen sein musste. Die Abartigkeit und tiefen Abgründe seiner schwarzen Seele offenbarten sich auf grausame Art und Weise. Eine Seele wie seine konnte nur in den Kreisen der Prostitution großgezogen worden sein. „Susanne! Sieh her!“ Freddy sprach laut und herrschend. Immer fester bearbeitete er meine Brüste. So sehr, dass ich unter seinen Handgriffen zu schreien begann. „Stell dich nicht so an, du kleine Schlampe!“ Freddy spürte genau, dass seine Hände zu hart zugriffen und seine Handlung zuwider war. Jedoch war dies genau das, was er bezweckte. Plötzlich hob dieses scheinbar tote Mädchen mit Namen Susanne ihren Kopf und sah mich an. In ihre leeren, ausdruckslosen und blutunterlaufenen Augen blickte ich. Dem Tod glaubte ich ins Gesicht zu sehen. Grün und Blau hatte man ihr zartes Gesicht geschlagen. Die Freude und das Glück waren längst ausgezogen aus dem leblosen Körper des seelisch toten Mädchens. In ihr wohnte nichts anderes als der Tod. Wer auch immer sich an ihr und ihrem Körper vergriffen und vergangen hatte, musste von satanischer Natur gewesen sein. Ein so hübsches Mädchen windelweich zu prügeln, glich einer nicht zu entschuldigenden, widerlichen Handlung. Ihre Lippen waren aufgesprungen. An der Stirn hatte sie eine kleine Wunde davongetragen, die zwar verheilt, aber deren blutverschmierte, vertrocknete Kruste deutlich sichtbar war. Niemals hatte ich in ein traurigeres Gesicht geblickt, als in das dieses Mädchens. „Los Susanne! Auf geht's! Erledige deinen Job! Zeig´s mir!“ Ohne dass ich wusste, wie mir geschah, erhob sich Susanne von ihrem Stuhl, zog ihr T-Shirt und die Hose aus. Splitternackt kam sie näher. Langsam. Ganz langsam. Freddy nahm meine Arme hinterrücks und drückte sie fest zusammen. Den Griff kannte ich. Der „du bist jetzt wehrlos und muck dich bloß nicht Griff.“ Allzu oft hatten mich die Freier derart gepackt, um mich gefügig und bewegungslos zu machen. „Seid lieb zueinander, ihr wollt Daddy doch nicht verärgern!“, flüsterte Freddy in mein Ohr, während Susanne sich an meinen Brüsten zu schaffen machte. Mit ihrer kleinen spitzen Zunge leckte sie an meinen Brustwarzen. Sie tat es nicht aus Gefallen. Sie tat es aus purer Not. Wer weiß, was Freddy ihr angetan hätte, wenn sie sich widersetzt hätte. Ihre Hände griffen an den Reißverschluss meiner Jeans. „Bück dich, Susanne, damit du Franzys Fotze lecken kannst!“, dirigierte Freddy das entblößte Mädchen. Susanne zitterte am ganzen Körper. Aus purer Angst und Scham. Nein, ich wollte das nicht! Einem Mädchen hatte ich mich niemals hingeben wollen! Mit all meiner Körperkraft versuchte ich mich aus dem Griff von Freddy zu befreien. „Hör auf damit!“, fauchte ich Susanne an und trat verzweifelt nach ihr. „Zier dich mal nicht so. Ich weiß, dass du das magst, du kleines, dreckiges Miststück!“ Freddy ließ sich nicht beirren in seinem Wahn. Sein Wahnsinn, sich an der Liebelei zweier hilfloser Mädchen aufzugeilen. Wie pervers war das? Mit all meiner Kraft wehrte ich mich. Mit den

Beinen strampelnden und aufbäumenden Körper versuchte ich mich aus Freddys Griff zu befreien. „Aufhören!“, schrie ich entsetzt. Als Freddy mir mit einer Hand schließlich genervt den Mund zudrückte, hielt Susanne inne und ließ von mir ab. „Du widersetzt dich?“ Freddy wurde wütend. Seine Aufmerksamkeit galt nun Susanne und in dieser Sekunde entdeckte ich an Susannes Brustwarze ein Piercing. Damals war es in der Schwulen- und Lesbenszene weit verbreitet, an den Augenbrauen oder am Mund eines zu tragen. In Natura hatte ich das niemals zuvor an der Brust einer Frau gesehen. Fasziniert starrte ich auf den kleinen Ring an Susannes Brustwarze. Plötzlich ließ Freddy einen seiner Arme von mir und riss Susanne mit der bloßen Hand das Piercing aus ihrer Brustwarze. Gefühllos und kalt lächelnd beging er diese abscheuliche Tat. Es war furchtbar! Freddy glich einer furchtbaren Bestie. Der Teufel in Gestalt eines menschlichen Körpers. Entsetzt, hilflos und wie gelähmt war ich dem schrecklichen Lauf der Dinge ausgeliefert. Susanne zu helfen war mir unmöglich! Der Mensch, den ich liebte, war eine verabscheuungswürdige Kreatur! Mir wurde übel bei dem Gedanken, dass ich diesem Menschen mein Herz geschenkt hatte. Susanne schrie auf und hielt sich stöhnend ihre blutende Brust. Vor lauter Panik biss ich Freddy in die Hand. So fest ich konnte! Dadurch lockerte er den Griff, boxte mir jedoch in den Rücken. Einen Faustschlag direkt auf meine Wirbelsäule kassierte ich. Dieser Stoß war so heftig, dass ich in die Knie ging.

Freddys nächster Schwinger traf meinen Kopf und ich lag am Boden. Wortlos holte er nochmals aus, und schlug mit flacher Hand in mein Gesicht. Es klatschte lautstark und ein brennender Schmerz durchfuhr meinen verletzten Körper. Durch die Wucht donnerte mein Kopf abermals auf den Boden. Als wäre es nicht genug gewesen, trat Freddy mit Füßen auf mich ein. In meine Flanke, in meinen Rücken und schließlich trat er mir mitten in den Bauch. „Hör auf, sie ist doch schwanger!“ Susanne weinte und versuchte Freddy von mir abzudrängen. Abermals stieß sie ihn mit ihren blutdurchtränkten Händen von mir fort. Freddy verpasste Susanne im Gegenzug einen heftigen Fußtritt. Krachend stürzte sie vor den Küchentisch. Wie von Sinnen trat Freddy weiterhin auf mich ein, dass ich glaubte, meine letzte Stunde hatte geschlagen. Während ich am Boden lag und Freddy wie in Ektase auf mich eindrosch, versuchte Susanne ihn von mir wegzuzerren. Krabbelnd robbte sie entkräftet über den Boden und griff Freddy an den Hosenbeinen. Sie hatte keine Chance! Freddy trat ihr schließlich mitten ins Gesicht. Anscheinend verlor ich kurz darauf das Bewusstsein. Als ich wieder zu mir kam, lag ich im Bett eines fremden Zimmers. Völlig orientierungslos. Mein Schädel brummte, als hätte ich drei Tage lang gesoffen, Tabletten und Drogen gleichzeitig genommen. Erleichtert stellte ich fest, dass ich noch im Besitz meines nackten Lebens war. Die Gardinen am Fenster waren zugezogen. Das Zimmer karg eingerichtet. Düstere Atmosphäre legte sich in den dunklen Raum wie ein tödlicher Schleier. Einen Schrank erkannte ich. Neben dem Fenster. An meinem Bett saß jemand. Die Umrisse einer weiblichen Gestalt nahm ich verschwommen wahr. „Geht's dir etwas besser?" Susanne tupfte vorsichtig mit einem kalten Waschlappen meine Stirn. Langsam kehrten meine Erinnerungen zurück. „Freddy! Wo ist er?", stammelte ich. „Er ist fort, aber er wird bald wiederkommen!", sprach Susanne beruhigend auf mich ein. Ihre Nase tropfte. Blut! Ihre Lippen schimmerten blutverschmiert. Das Blut tropfte auf meine Bettdecke. Entsetzt richtete ich mich auf. Die Erinnerung kehrte zurück! Freddy hatte Susanne und mich auf das Übelste zugerichtet. Niemals hätte ich geglaubt, dass dieses äußerlich gefühlstot erscheinende Mädchen der Sprache mächtig war. „Ich muss gehen!"

Mühsam versuchte ich meinen geschundenen Körper aus dem Bett zu wuchten. Susanne drückte mich sanft aber bestimmt zurück. „Er wird dich umbringen, wenn du nicht tust, was er sagt, Franziska!" „Quatsch!", protestierte ich. „Du hast ja keine Ahnung!" Susanne weinte plötzlich. „Er bringt dich um und mich gleich mit dazu! Du musst tun, was er sagt, dann ist alles gut!" „Alles gut?" Fassungslosigkeit überrollte mich mit einer Heftigkeit, dass ich sicher war, Freddy zu töten, sollte er mir noch einmal in diesem Leben begegnen! Zusammengeschlagen hatte er mich! Völlig grundlos! Und dafür sollte ich ihm zum Dank auch noch gehorchen? Tun, was er von mir verlangte, und das bezeichnete er als Liebe? Mein Glück, dass ich damals nicht völlig den Drogen verfallen war und mein Verstand noch einigermaßen funktionierte. Egal wie verliebt ich war, so hatte ich erkannt, dass Freddys Beinamen, „Arschloch“ und „der Teufel in Person“ durchwegs gerechtfertigt waren! „Susanne, wir gehen fort von hier!“, sagte ich entschlossen. Susanne heulte hemmungslos. Ihre narbendurchfurchten Hände hielt sie zitternd vor das tränendurchtränkte Gesicht und schüttelte den Kopf. „Er wird uns finden, Franziska, und dann bringt er uns um!“ Mein Gott, was musste dieses arme Mädchen bereits alles mitgemacht haben mit diesem kleinen, miesen Zuhälter Freddy, dass sie von solch einer Angst gepeinigt und gelähmt war!? Ich hielt Susanne am Arm. „Du darfst es nicht zulassen, dass er dich zerstört! Du musst gehen! Komm mit mir! Bitte!“ Susanne schüttelte abermals den Kopf. Nur unter größten Schmerzen wand ich meinen Körper aus dem Bett und richtete mich, so gut es ging, her. Suchte mein zerfetztes T-Shirt und meine Schuhe beisammen „Die Tür ist verschlossen!“, flüsterte Susanne ängstlich, als ich mich Richtung des Hausflures vorwagte. Sie sprach so leise, als hätte sie Angst, dass uns jemand hören könnte. Tatsächlich hatte dieser Psychopath die Tür versperrt! „Ich hab doch gesagt, wir können nicht fortgehen!“ Susanne blickte traurig auf das verriegelte Türschloss. Und wieder ihre Worte: „Er wird uns umbringen!“ Entschlossen schleppte ich meinen schmerzenden Körper zum Küchenfenster. Keine Chance, das Fenster war zu hoch! Dort herauszuspringen, hätte ich wahrscheinlich mit einem Genickbruch bezahlt. Wir befanden uns im 3. Stockwerk. Da war guter Rat teuer. In einem Film hatte ich mal gesehen, wie sich Menschen aus einem brennenden Haus retteten. Sie knoteten Bettlaken aneinander, an denen sie sich aus dem Fenster herunterließen und sich befreien konnten. Ins Schlafzimmer humpelte ich und durchwühlte den Bettkasten. Bingo! Freddy war immerhin Besitzer von fünf Bettlaken und die hätten ausreichend sein können, mir die Freiheit zu schenken. Ein Versuch war es wert! Entschlossen schob ich den Küchentisch zum Fenster und knotete das Ende der zusammengebundenen Laken an einem der Tischbeine fest. „Du gehst zuerst!", dirigierte ich Susanne, die immer noch steif und voller Angst über meine geplante Befreiungsaktion regungslos im Raum stand. Skeptisch hatte sie mein Vorgehen beobachtet. „Willst du bei diesem Kerl bleiben, der dich zugrunde richtet, oder möchtest du mit mir kommen, in die Freiheit?" Meine Hand streckte ich ihr entgegen, als Zeichen, dass sie mir vertrauen konnte. Und dann endlich nickte sie! „Ja, ich gehe fort!" Ein kleines Lächeln entkam ihren zersprungenen, geschundenen Lippen. In dem Moment umschlangen meine Arme beschützend ihren Körper. Ein tiefes Verlangen in mir schrie förmlich danach, dieses Mädchen so fest ich nur konnte, in meine Arme zu nehmen. Tränen liefen mir übers Gesicht, als ich auf ihr blutverschmiertes T-Shirt blickte. Meine Augen ruhten auf der Stelle, an der sich ihre blutende

Brustwarze abzeichnete. Die Verletzung, wo sich einst das Piercing befand, musste ihr unheimlich schmerzen. Mein Gott, wie konnte Freddy nur so etwas Abartiges tun? Wie grauenvoll! Susanne brauchte mir ihre bittere Geschichte nicht erzählen. All die Qualen, Ängste, die vielen Gewaltszenen die hinter ihr lagen, der Drogenkonsum, der sie langsam, aber sicher zugrunde richtete, all das erkannte ich in ihrem Gesicht. In der Vergangenheit hatte dieses Mädchen mit weitaus größeren Schwierigkeiten als einer halb abgerissenen Brustwarze zu kämpfen gehabt. Ihre Augen waren es, die von den erlebten Grausamkeiten erzählten. Leise! Schonungslos! Traurig! Wir weinten beide. Susanne war eine Sklavin. Eine Sexsklavin, die von Freddy schamlos ausgebeutet worden war. Zum Anschaffen hatte er das Mädchen geschickt. Gefoltert hatte er sie. Gedemütigt, geprügelt und geschlagen. An ihr seine krankhafte Lust und perversen Neigungen befriedigt. „Komm, wir müssen uns beeilen!“, sagte ich leise. Susanne und mir gelang der Weg in die Freiheit. An zusammengeknoteten Bettlaken entflohen wir tatsächlich der Hölle aus Freddys Wohnung. Dass wir damals nicht abstürzten, und uns einige Knochen brachen, grenzt an ein kleines Wunder. Als wir festen Boden unter unseren Füßen spürten, rannten wir um das nackte Überleben. All meine körperlichen Schmerzen waren wie weggeblasen, als mein Körper Adrenalin ausschüttete. Meine Emotionen trieben mich an, sie gaben mir die erforderliche Energie für meine Flucht.

Freddy hätte mich vielleicht tatsächlich totgeschlagen, wenn er wiedergekommen wäre. Nicht nur mich, auch Susanne. Mich aus der Hölle befreit zu haben, verlieh mir eine unglaubliche Kraft. Susanne und ich hielten uns an den Händen. Auf und davon liefen wir. Wir rannten, so weit und schnell uns die Füße trugen. Vorbei an den Mädchen, die am Straßenstrich auf ihre Freier warteten. Vorbei an den Autos, in denen die Freier die Straße entlang patrouillierten. Neben dem Flussufer und an den Geschäften der Einkaufsstraße vorbei, bis wir schließlich keuchend und völlig außer Atem vor einem Lokal stoppten. „Hier kann uns nichts mehr geschehen!“, japste ich. Susanne lachte. „Ja!“ Wieder umarmten wir uns. Wir lachten und weinten gleichzeitig! Zwei Mädchen! Einander völlig fremd und doch so vertraut, weil sie vom gleichen Schicksal heimgesucht und gebrandmarkt waren. Zwei geschundene Seelen mit gebrochenen Herzen, die im Einklang schlugen. Gefangene im Teufelskreis der Prostitution waren wir. Auf der Suche nach Liebe und Leidenschaft in unseren jungen Leben auf den falschen Weg gekommen und in den tiefsten Abgründen gelandet. Susanne nahm ich mit zu mir nach Hause. Sie lebte seit vielen Jahren auf der Straße, hatte ihr Elternhaus mit nur 12 Jahren verlassen. Ihre Familie wäre für sie gestorben, erzählte sie. Meine Mutter schien wenig begeistert über unseren Gast. Sie rümpfte die Nase. „Weißt du, auf was du dich da einlässt, Franzy?“, maulte sie. Stillschweigend akzeptierte sie jedoch, dass ich mit Susanne für die nächsten Tage freiwillig mein

Zimmer teilte. Meiner Mutter musste ich nichts über Susannes traurige Geschichte erzählen. Auch sie konnte in dem Gesicht des Mädchens lesen und verstand die Dramatik ihrer Lebenssituation. In den wenigen Tagen, in denen Susanne mich auf meinem Lebensweg begleitete, spürte ich ein neues, mir bis dahin fremdes, jedoch sehr angenehmes Lebensgefühl. Susanne war für mich wie eine Schwester. Wir alberten herum, verbrachten die Nachmittage zusammen in der Stadt, gingen zum Shoppen. Wir klauten in dem einen oder anderen Laden Bekleidung und Kosmetikartikel, ohne dabei erwischt zu werden und feierten uns nachher wie wahre Helden. Wir taten all das, was gute Freundinnen zusammen ausmachte. Wir lachten über unseren Blödsinn. Schmiedeten Pläne für die Zukunft. Träumten davon, eine Mädchen-WG zu gründen und Susanne versprach sogar, den Job der Patentante für mein ungeborenes Kind zu übernehmen. Wir waren frei und glücklich! Für einen kurzen Moment unseres jungen Lebens erlebten wir beide pures Glück und dieses unendlich geile Gefühl des „Herzbebens". Freiheit, sie kommt aus den Tiefen der Seele. Wir erlebten sie. Wir spürten das Leben in unseren Adern pulsieren. Fern und abseits der Hölle waren wir, als schwebten wir dem Himmel entgegen. Unsere Seelen waren eng miteinander verbunden und unsere Herzen schlugen im selben Rhythmus, im gleichen Beat. „Vorwärts Herz, lass uns leben!", lachte Susanne. Für einen Moment erlebte ich wieder einmal das Gefühl, mein Leben verliefe in geordneten Bahnen. Ja, ich war glücklich! Mit Susanne teilte ich in der Nacht mein Bett und tagsüber mein Leben. Und ich tat es gern. Sie hätte auch auf der Couch in meinem Zimmer schlafen können, jedoch fanden wir Mädchen es aufregender, uns bis spät in die Nacht, kichernd im Bett nebeneinanderliegend, Geschichten zu erzählen. Susanne berichtete von ihrer Sklaverei bei Freddy. Von den brutalen Handlungen eines Menschen, der ohne Gefühl im Herzen zu sein schien. Ausgebeutet und misshandelt hatte er sie. Mit Drogen, Alkohol und falschen Liebesbekundungen gefügig machen wollen. Wehrlos war Susanne Freddy und seinen schmierigen Handlungen ausgesetzt gewesen und konnte somit keinen klaren Gedanken fassen. Immer wieder habe Freddy Susanne verprügelt und anschließend in diesem fürchterlichen Zustand auf den Straßenstrich geschickt.

„Schmerzt eigentlich deine Brustwarze noch sehr?“, erkundigte ich mich und betrachtete neugierig Susannes

Schlafshirt, unter dem sich ihre Brüste abzeichneten.Susanne schüttelte den Kopf. „Nein!“, erwiderte sie fröhlich und zog ihr Shirt hoch. Bis unter das Kinn zog sie es. Für einen Moment zuckte ich innerlich erschrocken zusammen, als ich Susannes blanke Brüste erblickte. Es war mir unangenehm! Den Anblick nackter Mädchen war ich nicht gewohnt. Die Wunde an der Brustwarze, bereits verkrustet, sah dennoch ziemlich unansehnlich aus. Mich schmerzte dieser Anblick. „Magst du mich anfassen?“ Susanne nahm vorsichtig meine Hand und legte sie an ihren Busen. Ich ließ es geschehen. Aus einem mir unerklärlichem Grund berührte es meine Seele, Susanne Haut an Haut zu spüren und erleben zu dürfen. Vielleicht war es diese offene und liebevolle Art, mit der sie mir begegnete! „Ein Mann kann dich niemals so zart berühren wie eine Frau!“, flüsterte sie leise. Eine leichte Nervosität stieg in mir empor, als ihre weichen Worte Zeit und Raum erfüllten. Niemals hatte ich ein Mädchen intim tangiert. Susanne schien meine Unsicherheit zu bemerken! „Ich mag das, Franzy! Ich mag es sehr, mich von Mädchen anfassen und verführen zu lassen! Sie haben so weiche, zarte Hände, die Mädchen!“ „Die Mädchen?“, fragte ich erstaunt. „Ich habe mich von den Freiern vögeln lassen und mit einem Teil des Geldes, welches ich vor Freddy heimlich versteckte, ging ich zu ihnen. Mit ihnen meine ich die sich auf der Straße Prostituierenden, Franzy! Die Frauen und Mädchen, die auf ihre Freier warteten. Ich habe sie gebeten, mich und meinen Körper zu nehmen!

Damit mir das Gefühl der Liebe nicht verlorengeht, verstehst du das?!“ Energisch schüttelte ich den Kopf. Nein, ich verstand Susanne nicht. Susanne drehte sich zu mir und nahm sachte meine Bettdecke zur Seite. „Lass dich einfach fallen und vertraue mir!“ Susanne lächelte mich an. Der Blick in ihren Augen war so wunderschön und zärtlich. Ihr T-Shirt hatte sie bereits ausgezogen und ihre Brüste legten sich sanft auf die meinen nieder, als sie mir ihren Körper zuwandte. Vorsichtig schob sie mein T-Shirt hoch. Ich schloss die Augen und ließ Susanne gewähren. Vertrauensvoll atmete ich tief durch. Susanne berührte meine Brüste mit ihren Fingerspitzen. Sie tat dies unglaublich behutsam. Es war wie die Berührung einer Feder, die sich sanft auf deinen Körper legt. Feine Kreise zeichnete sie mit ihren Fingern entlang meiner nackten Haut. Gänsehaut überkam mich. Ein wohliger Schauer durchlief meinen Körper und drang in die Tiefen meiner Seele. Susannes Körper war wundervoll. Einzigartig. Ihre Brüste schwenkte sie sanft über die meinen und unsere Brustwarzen küssten einander. Meine Nippel spannten sich, richteten sich auf und in mir brannte der Wunsch, Susanne zu küssen. Musste ich mich schämen, dass mir Susannes Zuneigung gefiel? An Freddy dachte ich und versuchte mir vorzustellen, er sei an Susannes Stelle und würde mich voller Hingabe liebkosen. Wie gern hätte ich diesen Traum gelebt. In meinen Gedanken verwischte Freddys Gesicht jedoch plötzlich auf eigenartige Weise. Es verblasste! Wurde ein Schatten meiner Erinnerung! Entsetzt öffnete ich die

Augen. „Pssst! Alles ist gut!“ Susanne legte beruhigend ihren Finger auf meinen Mund. „Er kann dir nicht mehr wehtun!“, hauchte sie in mein Ohr. Woher wusste sie…? Susanne küsste meine Stirn, meine Wangen, meine Brüste. Ihre Berührungen waren beinahe flüchtig. So als seien ihre Lippen lediglich zu Besuch auf meinem Körper und wollten sich soeben von ihm verabschieden. Meinen Gefühlen gab ich mich hin. Susanne nahm meine Brustwarzen zwischen ihre zarten Lippen und zog leicht an ihnen. Ihre Zunge tanzte stimulierende Kreise an meinen erogenen Zonen. Auffordernd war sie, diese Zunge. Sanft und feurig zugleich! „Magst du es nicht vielleicht doch ein wenig, Franzy?“ „Ja! Ich mag es!“, stöhnte ich leise. Meine Angst war verflogen. Überwältigt war ich derer Gefühle, die sich sinnlich, beinahe wie märchenhaft, in meinem Körper ausbreiteten. Körperliche und nervliche Anspannung fiel von mir herab wie ein schwerer Stein, der lange Zeit auf meiner Seele lastete. Sex war bislang für mich immer etwas Dreckiges gewesen. Niemals etwas Schönes. Mein Körper wurde im Zeitkorridor der Erinnerungen nur missbraucht und für Geld abgewetzt durch die widerlichen Gelüste fremder Männer. Gefühle erleben zu dürfen, die wohlig und angenehm waren, blieb mir bisher verwehrt. Ich wollte mehr! Mehr von Susannes liebevoller Hingabe kosten und ihre Zärtlichkeit spüren. Meine Gedanken waren so weich, als ob sich ein rosafarbener Watteschleier über meine Seele gelegt hätte. Viele kleine Schmetterlinge tanzten in meinem Bauch umher und ich glaubte in einer duftenden Blumenwiese zu liegen, über der sich paradiesisch der Himmel öffnete. „Ja! Mehr, bitte! Bitte Susanne, gib mir mehr von diesem wundervollen Gefühl“, flehten meine Seele und mein Körper. Susanne spürte meine Erregung. Nach einem ausgiebigen Vorspiel ging sie schließlich in die Offensive, als sie sich sicher wähnte, dass ich für ihre Liebkosungen bereit war. Ihre Finger glitten an meiner Vulva entlang! Berührten sachte meine Scheide! Immer wieder tat sie das! Ihre Brüste rieb sie mir wieder und wieder liebevoll über mein Gesicht. Susanne gelangte in einen pulsierenden, wunderbar stimulierenden Rhythmus. Dieser forderte mich förmlich auf, ihre Brüste zu lecken und in ihre Nillen zu beißen. Ich tat es. Hingebungsvoll. Lustvoll. Leidenschaftlich. Mit meiner Zunge gab ich Susannes Brüsten Revanche für das gute Gefühl, das sie mir zuvor verpasst hatte. Susanne stöhnte laut. Freude überkam mich. Freude, dass es mir gelang, Susanne ebenfalls zu erregen. In ihrem Gesichtsausdruck lag ein erleichternder, friedlicher und glücklicher Ausdruck. Schließlich gelangten wir beide zum Höhepunkt. Lachend und keuchend lagen wir uns wenig später in den Armen. Sanft strich ich eine Haarsträhne aus Susannes Gesicht und gab ihr einen zärtlichen Kuss auf den Mund. „Du wirst es niemals vergessen!“, kicherte Susanne. Doch plötzlich wurde ihr Gesicht sehr ernst. „Wenn sie dich töten, Franzy, die Männer da draußen! Dein Herz abschlachten und deinen Körper missbrauchen, dann erinnere dich an mich! Erinnere dich an mich…!“

In der Zeit, als Susanne bei uns daheim wohnte, besuchte ich regelmäßig die Schule, ließ die Finger von den Drogen und gab mich keinen krummen Geschäften mehr hin. Ausgenommen derer Ladendiebstähle natürlich, die ich gemeinsam mit meiner Verbündeten Susanne verübte! Den Kick des Verbotenen auszuleben, danach waren wir süchtig. Wir agierten wie Junkies, besessen nach dem Glücksgefühl des Lebens! Susanne existierte in der Öffentlichkeit nicht. Sie verkörperte einen Schatten ihrer selbst! Im Nichts, im Niemandsland lebte sie! Eine Person ohne Identität stellte sie dar! Niemand fragte nach diesem Mädchen, niemand schien Susanne zu vermissen oder sich gar für sie zu interessieren. Auch um Freddy wurde es still! Er hätte es nicht gewagt, zu uns nach Hause vorzudringen. Selbst wenn er Susanne zurückholen wollte. Sein Wissen um die Freier und Zuhälter meiner Mutter hielten ihn davon ab. Gegen sie war Freddy ein kleines, armseliges Würstchen! Mein Zuhause glich einer sicheren Festung, beschützt durch dubiose Figuren, die täglich unser Haus betraten und wieder verließen. Viele von ihnen trugen an ihren Gürteln gut versteckte Revolver und in einer brenzligen Situation glaubte ich, sie hätten nicht gezögert abzudrücken. Mein Wissen machte nichts aus, was die Zuhälter, Verbrecher, Freier und all die anderen Wichser und Hurensöhne, die in dem Leben meiner Mutter ein- und ausgingen, nicht auch gewusst hätten! Alle Angreifer von außerhalb müssten erst einmal an ihnen vorbei…

Eines Tages, als ich von der Schule nach Hause kam, war Susanne fort. Ihre Sachen hatte sie mitgenommen. Zutiefst erschrak ich. Sofort begriff ich, dass sie nicht wiederkommen würde. „Sie ist ein wildes Mädchen Franzy, du konntest sie nicht aufhalten!“, tröstete mich meine Mutter über den schmerzhaften Verlust meiner besten Freundin hinweg.

Unter mein Kopfkissen hatte Susanne einen kleinen Zettel versteckt, den ich einige Tage später fand. Auf ihm stand in wackeligen Buchstaben geschrieben: „Danke für alles, Franzy!

Ich werde dich niemals vergessen, aber ich muss fortgehen, das Leben wartet auf mich! Bitte gib Acht auf dich und dein Kind!“ In dem zusammengefalteten Zettel lag ein Anhänger. Den Schutzengel, den sie an ihrer Halskette getragen hatte. Bitterliche Tränen weinte ich über Susannes Botschaft und das Geschenk an mich! Wenn Susanne ihren Schutzengel an mich abgab, wer sollte sie vor all dem Schlechten und Bösen da draußen in der gefährlichen Welt beschützen? Den Anhänger besitze ich heute noch! All die Jahre hindurch war er mir ein treuer Begleiter. Ich trug ihn unentwegt an meinem Hals, als ob er mein wertvollster Besitz wäre, und hütete ihn wie meinen Augapfel. Mittlerweile ist er vergilbt! Der Zahn der Zeit nagt an diesem Anhänger! Dennoch bedeutet er mir bis zum heutigen Tag unheimlich viel. Es kam selten vor, dass ich ihn abnahm und es grenzt an ein

Wunder, dass er mir niemals in all den Jahren verlorenging. Susanne begegnete ich nie wieder!

Kapitel II

Eine neue Liebe

Es dauerte nicht lange, da verliebte ich mich erneut. In meinem Leben war ich immerfort auf der Suche nach Liebe, Nähe und Geborgenheit. Und ja, ich glaubte an die große Liebe! Trotz aller Rückschläge, Niederlagen und schlechten Erfahrungen, die das Thema Liebe für mich bereithielt, glaubte ich fest daran, dass ich eines Tages in einer glücklichen Partnerschaft leben würde! Der berühmte Satz „Vom Regen in die Traufe", den verbannte ich in die hinterste Ecke meines Seelenschrankes! Der Auserwählte war dieses Mal niemand aus der „Szene." Es war ein Junge, der mir

bereits seit mehreren Jahren in unserem Ort immer mal wieder über den Weg lief. Zufällig trafen wir uns morgens beim Bäcker oder im Supermarkt beim Einkaufen. Unsere entscheidende Begegnung hatten wir schließlich im Kino. Als ich meine Sitzreihe suchte, kippte ich im Halbdunklen meine Tüte Popcorn aus Versehen über seine Hose. Er besuchte mit einem Freund den Kinofilm „Pretty Woman", während ich ebenfalls mit meinen Freundinnen zusammen an dem Abend für Richard Gere und Julia Roberts schwärmen wollte. Trotz des wunderbaren Films verkniff ich es mir nicht, immer wieder verstohlene Blicke in die Richtung seiner Sitzreihe zu werfen. Die Sache mit dem Popcorn nahm er gelassen und das machte ihn sympathisch. Meine Blicke erwiderte er schüchtern. Nach der Kinovorstellung rauchten wir Mädchen draußen vor dem Eingang eine Zigarette und plauderten über den romantischen Film der außergewöhnlich hübschen Hure in Gestalt Julia Roberts. Meine Freundin Jennifer, die ebenfalls auf dem Straßenstrich unterwegs war, behauptete frech, dass es ein absoluter Schmarrn sei, dass einer der Freier Millionär, dazu gutaussehend und heiratswillig wäre! Die beiden Jungs gesellten sich zu uns und baten um Feuer für ihre Zigaretten. Wir kamen locker ins Gespräch und verabredeten uns allesamt spontan in der Kneipe gegenüber auf einen gemeinsamen „Absacker."
„Thomas", wie er hieß, war bereits 18 Jahre alt und absolvierte eine Ausbildung zum Krankenpfleger. „Ein Junge aus gutem Hause", titulierte ihn meine Freundin

Jennifer augenzwinkernd. „Eine gute Partie, Franzy!“ Mir war schleierhaft, woher auch immer sie ihre Informationen über diesen hübschen Jungen bezog. Zwischen mir und Thomas knisterte es an diesem Abend sehr. Wir verabredeten uns einige Tage später zum Essengehen. Niemals zuvor hatte mich jemand zu einem Dinner eingeladen! Essengehen, „Candle Light Dinner“, schwärmte ich! Gedanklich überlegte ich, wie ich mich in den gastwirtschaftlichen Gegebenheiten zu benehmen hatte. Wie sollte ich Messer und Gabel halten? Die Gabel in der linken oder in der rechten Hand? Aufgeregt wie ein kleines Kind war ich! Wäre ich in überhaupt der Lage gewesen, mich zu benehmen? Besaß ein dreckiges Straßenmädchen wie ich Anstand und Manieren? Thomas war ein Charmeur. Er eroberte mein Herz im Sturm. Meinen Stuhl rückte er sanft und mit viel Gefühl zurecht, als wir in dem Restaurant an unserem vom Kellner zugewiesenen Tisch Platz nahmen. Er behandelte mich, als wäre ich ein wertvoller Diamant, dem er keinen Kratzer zufügen durfte, damit er sein Strahlen nicht verlor. Zuvor hielt Thomas mir heldenhaft die Tür auf und geleitete mich mit einer kaum angedeuteten Handbewegung hindurch. Galant ließ er mich vor seiner Person hindurch schreiten. Sein Lächeln war umwerfend. Mein Herz vollführte tausend Luftsprünge, wenn ich in seine wundervollen Augen blickte. Thomas und ich ließen uns Zeit, bevor wir zusammen im Bett landeten. Es war Liebe pur, von beiden Seiten! Wir brannten voller Leidenschaften füreinander. Die Hingabe, mit der

Thomas mich küsste, konnte niemals gespielt oder aufgesetzt sein. Seine Berührungen gingen direkt unter die Haut und der Ausdruck seiner Augen berührte die Tiefen und guten Geister meiner Seele. Unser gemeinsames erstes Mal war fantastisch. Sinnlich, liebevoll, aufrichtig und voller Verlangen im Knistern der Begierde. Es glich einer Ekstase, als erlebte ich das erste Mal in meinem Leben eine wahrhaftige, sexuelle Erfahrung mit einem männlichen Wesen. Wahrscheinlich weil ich den Geschlechtsverkehr in seiner vollen Intensität erstmals genießen konnte, ohne angeekelt oder angewidert zu sein. Die Erotik legte sich über uns Liebenden wie ein wunderschöner Schleier der Unendlichkeit unserer Passion. Thomas und ich verstanden uns nicht nur im Bett, wir führten eine völlig normale, alltagstaugliche Beziehung. Gleich anderen Teenagern in unserem Alter. Verbrachte ich mit Thomas zusammen die Zeit, verkörperte ich das kleine unschuldige Mädchen Franziska, das bereit war, für diesen Jungen die Sterne vom Himmel zu holen!

Nicht als die kleine Nutte Franzy präsentierte ich mich, die normalerweise den Männern ihren Hintern und ihre Brüste für Geld entgegenhielt. Bisher gelang es mir, Thomas meine Vergangenheit und niedere Herkunft zu verschweigen. Hätte er nur im Ansatz geahnt, auf welche Art und Weise ich zu Geld gelangte und dass meine Mutter eine Prostituierte war, hätte er mich sofort fallengelassen. Thomas war es nicht wichtig meine Eltern kennenzulernen. Er drängte mich nicht. Seinen Eltern hatte er mich nur flüchtig vorgestellt und als diese um Bekanntgabe meines Nachnamens baten, log ich ihnen eiskalt ins Gesicht. Ebenso verschwieg ich meine Schwangerschaft, obwohl ich bereits auf den dritten Monat zusteuerte und sich langsam aber sicher ein kleines Bäuchlein an mir abzeichnete. Meinem Glück sollten weder meine scheußliche Herkunft, noch mein ungeborenes Baby im Wege sein! Alles hatte seine Zeit! Bald würde ich Thomas gestehen, dass ich schwanger war. Vielleicht gab es die Möglichkeit, ihm das Kind unterzuschieben, überlegte ich hinterhältig und schämte mich sofort meiner dreckigen Gedanken. Immerhin modellierte Thomas mich zu einem sehr glücklichen Menschen! Wie niederträchtig von mir, ihm schaden zu wollen! In Thomas glaubte ich den besten Vater auf der Welt für mein ungeborenes Kind gefunden zu haben! Wieder einmal glaubte ich das ganz große Los gezogen zu haben, das gebe ich zu! Tatsächlich trug ich damals den absurden Gedanken in mir, Thomas zu beschwindeln, dass das Kind von ihm sei. Natürlich hatte ich bei Freddys Kennenlernen ebenfalls gehofft, dass es sich um meinen absoluten Traummann handelte! Letztendlich gelang mir mit Freddy der absolute Griff in die Scheiße. Aber so richtig! Irgendwann musste das Glück doch auch einmal auf meiner Seite stehen! Diese Gunst des Schicksals zog mit der Begegnung zu Thomas in meinem Leben ein. Die Liebe zu ihm war stark und sie gab mir Hoffnung. Aus ihr ließ sich neue Kraft schöpfen. Hoffnung auf ein besseres Leben wuchs aus der dieser wundervollen Begegnung zu diesem Jungen. Ein Leben ohne Drogen, ohne den verdammten Strich, der mich in den Sumpf meiner tiefsten Abgründe hineinzog. Darauf hoffte ich. Endlich fortkommen wollte ich! Von der Prostitution. Ohne jedoch einen Menschen an meiner Seite zu haben, der mich bestärkte, den Ausgang aus der Hölle zu suchen, wäre ich auf Lebzeiten verloren gewesen. In der Zeit mit Thomas besuchte ich, man mag es kaum glauben, sogar einen Tanzkurs. Thomas tanzte leidenschaftlich gern und bei einem unserer Treffen forderte er mich zum Tanzen auf. Natürlich blamierte ich mich vor ihm bis auf die Knochen. Nicht nur, dass ich ständig auf seine Füße trampelte, auch das erforderliche Rhythmusgefühl fehlte mir! Niemals hatte ich die wundervollen rhythmischen Schritte erlernt, um mit der Musik, die in den 80er-Jahre angesagt war und in sämtlichen Discotheken gedudelt wurde, im Einklang zu verschmelzen. Von zuhause aus wurde mir solch ein wundervolles Hobby niemals vorgelebt. Es kam nicht zur Sprache! Die Themen Musik, Kultur und Tanzen fehlten in meiner Erziehung! Auch wenn es eigentlich banale Dinge waren, so wären sie für mich als ein junges Mädchen sehr wichtig gewesen in diesem Lebensabschnitt! Viele Eltern sind ihren Kindern ein Vorbild. Erzählen ihnen, dass ein Tanzkurs sie in gewisser Weise in ihrem Auftreten positiv beeinflusst und inspiriert. Sie die Freude zur Musik und der damit verbundenen Bewegung für sich entdeckt haben. Meine Mutter war da leider völlig anders! Es interessierte sie nicht, oder sie wollte sich einfach nicht mit diesen Themen „Anstand, Manieren und Moral“, beschäftigen. Meine Mutter hätte doch nicht zu mir gesagt: „Franzy, melde dich mal zum Tanzkurs an! Wenn du einen Jungen kennenlernst, wäre es von Vorteil, wenn du tanzen könntest!“ Meine Mutter stopfte mir Kondome in die Handtasche und Pfefferspray. Belehrte mich über Selbstverteidigung. Von einem Tanzkurs hätte sie nicht mal im Traum Notiz genommen. Tatsächlich besuchte ich aus freien Stücken diesen Tanzkurs und überraschte Thomas einige Wochen später damit, als ich ihn auf die Tanzfläche zog. Wir tanzten engumschlungen zu den Songs aus dem Film Dirty Dancing „Hungry Eyes“ und „Time of my life“. Es war wundervoll. Wenn in der Discothek der Song von Alan Parson Projekt „Don`t answer me“ oder „Unchained Melody“ dudelte, diese alten Schnulzen, lag ich verträumt in Thomas Armen und wünschte, es würde niemals wieder ein Morgen geben. Thomas Küsse gingen unter die Haut und seine Berührungen sprengten all die vielen Narben auf meiner missh andelten Seele. Er streichelte meine Wunden sanft und zärtlich, weil er mich mit Liebe infizierte. Es war noch nie so schön gewesen, sich einem Mann hinzugeben. Das war sie, die Liebe! Die wahre Liebe, die ich in meinem Herzen fühlte. Thomas war liebevoll, zärtlich und aufmerksam. Er machte mir Geschenke und überraschte mich immer wieder aufs Neue mit seinem Einfallsreichtum, mir eine Freude zu bereiten. Liebesbriefe schrieb er. Wir telefonierten Tag und Nacht. Stundenlang! Wenn wir uns trafen, trug die Nacht Millionen Sterne am Himmelszelt. Wir betrachteten die Sternenbilder am Firmament und Thomas erklärte mir ihre Bedeutung. Dabei kuschelte ich mich an seine Schulter und mein Kopf ruhte auf seiner Brust. Meine Mutter regte sich irgendwann unheimlich über unsere Telefonrechnung auf, die seit ich mit Thomas befreundet war, enorme Auswüchse annahm. „Ich hoffe, der junge Mann ist sein Geld wert, Franzy!“, sagte sie drohend hinsichtlich der hundert Mark, die sie an die Telefongesellschaft bezahlen musste. „Wann stellst du mir deinen Traumprinzen endlich einmal vor?“, lautete ihre nächste Frage. So gut es ging, versuchte ich dieses Szenario zu vermeiden. Mittlerweile verstand ich die Dramatik um den Job meiner Mutter und aus Erfahrungen hatte ich gelernt, Vermeidungsstrategien zu entwickeln, um Peinlichkeiten innerhalb unserer Familie zu umgehen. Auf keinen Fall wollte ich Thomas verlieren. Sollte ich ihn meiner Mutter vorstellen, wäre wahrscheinlich alles aufgeflogen und Thomas hätte mich verlassen. Mein neugewonnenes Leben wollte ich um keinen Preis aufgeben oder verlieren. Dessen ungeachtet nahte der Tag, an dem ich Thomas gestehen musste, dass ich ein Kind unter meinem Herzen trug. Nächtelang lag ich wach und grübelte, wie viel Wahrheit Thomas vertragen konnte. Dass dieses Kind aus einer Liebschaft mit einem Zuhälter heraus entstanden war, bei dessen Person es sich zudem um einen Freier handelte, galt es zu verheimlichen. Zu schockierend wäre diese Tatsache gewesen! Ich hätte Thomas erzählen können, dass mich der Vater meines Kindes stillheimlich verlassen und sich auf nimmer Wiedersehen davongemacht hatte. Jedenfalls musste ich all meinen Mut zusammennehmen, um meiner großen Liebe Thomas die Wahrheit zu beichten. Die Uhr tickte, und ein noch längeres Schweigen hätte die Angelegenheit immer komplizierter werden lassen. Mein Bäuchlein konnte ich nicht dauerhaft verheimlichen. Erstaunlicherweise nahm Thomas die Nachricht meiner Schwangerschaft gelassen. Mit dieser gefassten, abgeklärten Reaktion hatte ich wahrlich nicht gerechnet. Erwartet hatte ich viele Fragen nach einem Warum, Wieso und Weshalb! Diese blieben aus. Stattdessen gestand Thomas, dass er keine Kinder zeugen konnte. Ein Unfall als kleiner Junge hätte ihn angeblich um seine Männlichkeit beraubt. Was genau passiert war, danach fragte ich nicht. Geschockt war ich zunächst über seine Antwort und gleichfalls erleichtert, dass ich ihn nicht belogen hatte. Mein Gott, das wäre ein nicht wieder gutzumachender Fehler gewesen, Thomas das Kind von

Freddy unterzujubeln. Traurig war ich und zugleich tief beschämt über meine angedachte Lüge! Wie gern hätte ich mit Thomas zusammen Kinder gehabt! Zu einem späteren Zeitpunkt vielleicht. Das Leben lag vor uns und eigentlich war ich zum Kinderkriegen noch viel zu jung. Bei diesem Kind, welches in mir heranwuchs, handelte es sich genaugenommen um ein Wunschkind. Meine Liebe für Freddy beteuerte ich damals als aufrecht. Auf ein gemeinsames Leben mit ihm hatte ich gehofft. Vergebens! Jedoch aus diesen Gründen wollte ich das Kind behalten und nicht abtreiben lassen. Es war meine eigene Entscheidung, die ich aus vollstem Herzen traf, dieses Kind unter meinem Herzen auf die Welt zu bringen. Selbst meine Mutter hätte mir dieses Vorhaben nicht ausreden können, wenn sie es versucht hätte. Wobei ich sagen muss, sie erwähnte einmal lapidar: „Wenn man in jungen Jahren Kinder auf die Welt bringt, ist man noch nicht so alt, wenn sie eingeschult werden! Den versäumten Teil seines Lebens kann man noch nachholen, was mit 50 Jahren nicht mehr so gut geht!“ Meine Mutter unterschied sich in ihren Ansichten gegenüber anderen Müttern natürlich erheblich! Wenn man es ironisch betrachtet, sogar vorbildlich! Thomas akzeptierte meinen Wunsch, das Kind auf die Welt zu bringen. Er versprach es anzunehmen und zu lieben, als ob es sein eigenes sei. Manchmal wachte ich des Morgens auf und fragte Gott, ungläubig, ob ich mich in einem wundervollen Traum befand oder ob es tatsächlich mein Leben war, das ich derzeit erlebte? Sollte es endgültig sein Ende gefunden haben, dieses dreckige und verkorkste Leben der kleinen Hurentochter und auf ein Happy End zusteuern? Ein neues, besseres Leben? Ich wäre unendlich dankbar und der glücklichste Mensch gewesen. Zunächst schien es tatsächlich so, als würde mir dieser Wunsch erfüllt werden. Bis ich im 5. Monat plötzlich Blutungen bekam und eiligst ins Krankenhaus eingeliefert wurde. Es traf mich aus heiterem Himmel und völlig unerwartet. Nichts deutete auf drohendes Unheil hin! Als ich an besagtem Tag bei uns zuhause die Toilette aufsuchte, um mal eben für kleine Mädchen zu müssen, ergoss sich aus heiterem Himmel ein heftiger Blutschwall in mein Höschen. Entsetzt rief ich nach meiner Mutter. Diese veranlasste, dass mich ihr Freier, der an dem Tag bei uns daheim zugegen war, sofort ins Krankenhaus brachte. Scheinbar wusste meine Mutter genau, welche Tragödie sich in den nächsten Stunden bei ihrer Tochter anbahnen würde. Hinter ihr lagen ebenfalls mehrere Fehlgeburten, wie ich aus späteren Erzählungen erfuhr. Somit verstand sie, es war dringender Handlungsbedarf von Nöten. Heimtückisch hatte mich ein lebensbedrohlicher Zustand aufgesucht. Die grauenvolle Situation von damals, sie verankert sich bis zum heutigen Tage traumatisch in meinem Kopf! Alles war voller Blut um mich herum, ein Zustand, den du niemals vergisst. Die Szene, als wir im Krankenhaus in Empfang genommen wurden. Wir, der Freier meiner Mutter und ich! Einige der Krankenhausbesucher blickten sich verstohlen nach mir um, um schnell einen

Blick auf einen schwangeren Teenager in Begleitung ihres viel zu alten Mannes zu erhaschen! Als die diensthabende Ärztin meine männliche Begleitung fragte, ob er der Vater meines Kindes sei, wäre ich am liebsten im Erdboden versunken. Allerdings, welche Antwort wäre schlimmer gewesen? Die, „Der Freier meiner Mutter“ oder „Der Vater meines Kindes?“ Diese Peinlichkeit! Als er dies mit rotem Kopf verneinte, wurde er sofort aus dem Behandlungszimmer verwiesen! Einlass nur für Familienmitglieder, hieß es! Tja, es war schockierend für ihn und für mich zugleich! Dabei hatte er es nur gut gemeint! Aufgebracht marschierte er hinter mir her, war immer ganz nah bei mir, als man mich auf der Liege durch die Krankenhausgänge schob. Freundlicherweise wollte er mir Geleit geben in meiner schwierigen und traurigen Situation. Meine Mutter war an diesem Tag nicht mitgefahren. Vielleicht war es gut, dass sie nicht mit dabei war. In ihrer Aufmachung wäre sie im Krankenhaus in der Notaufnahme zu sehr aufgefallen. Manchmal glaube ich, dass sie sich in einigen Situationen unseres Lebens bewusst zurückhielt, um kein Aufsehen zu erregen. Sie war clever. Nicht immer war sie eine Schlampe oder dreckige Hure, die sich danebenbenahm und zum Gespött vieler Menschen wurde! Nein! Sie stellte nicht dauerhaft diese heruntergekommene Nutte dar, die sich nicht zu benehmen wusste. Auch wenn sie zuhause oftmals schlampig herumlief, sich gehenließ und flapsige Sprüche klopfte, so zeigte sie sich der Außenwelt gegenüber doch als ein Mensch, der durchaus gesittet und adrett sein konnte, wenn es situationsabhängig darauf ankam. Es hätte zu lange gedauert sich umzuziehen, während ich die Fehlgeburt erlitt. In der Zeit hätte ich verbluten können. Meine Mutter hatte ihren Typen, den Freier, umgehend angewiesen, mich ins Krankenhaus zu fahren, das rechne ich ihr heute, viele Jahre später, hoch an. Ihre Worte: „Beeil dich!“, welche sie ihm nachrief, vernehme ich augenblicklich in meinem Gehör. Ihre Stimme war aufgebracht und ängstlich. Besorgt war der Ton ihrer Worte! Sie hatte sich damals wirklich Sorgen um mich, ihre Tochter gemacht! Es waren aufrichtige Worte gewesen, voller Mitgefühl! Meine Mutter war keine schlechte Mutter. Wenn es darauf ankam, war sie präsent und verteidigte ihre Kinder wie eine bissige Wölfin! Sie stellte sich tapfer den Feinden in den Weg! Den Job, den sie ausübte, lediglich er verpasste ihr den Stempel „Rabenmutter“, nicht aber ihrer Seele! Im Herzen war sie eine gute Frau. Das spürte ich als Kind. Ebenso wusste ich aber auch um ihre dunkle Seite, die meine Mutter in sich trug. Meine Mutter war eine Gefangene ihrer Selbst, so nannte ich es…!

Kapitel III

Der Tod

Im Krankenhaus konnten die Ärzte für mein ungeborenes Baby nichts mehr tun. Die Plazenta hatte sich vorzeitig abgelöst und der Fötus musste völlig ausgeschabt werden. Eine Fehlgeburt im klassischen Sinne! Thomas eilte herbei und hielt meine Hand, bevor mich die Ärzte in den Operationssaal schoben, um mein Kind aus der Gebärmutter zu lösen. Auf meine Frage, woher er wusste, was mit mir passiert war, erhielt ich keine Antwort. Thomas Augen füllten sich mit Tränen, als er meine Hand streichelte. „Es tut mir so leid, Franzy!“, sagte er weinend. Niemals zuvor erinnerte ich mich, einen Mann weinen gesehen zu haben und schon gar nicht meinetwegen. Ich konnte mich ja nicht einmal daran erinnern, dass meine Mutter jemals um mich geweint hätte. Vielleicht hatte sie es heimlich getan, ich kann es nicht mit Sicherheit sagen. In meiner Gegenwart vergoss sie in all den Jahren keine Tränen. Einige Tage brauchte ich nach dem Drama gewiss, um wieder auf die Beine zu kommen. Mein ungeborenes Kind wäre ein Mädchen geworden. Ich erfuhr es etwas später. Meine Frage nach dem Warum der Fehlgeburt konnte mir von den Ärzten niemand beantworten. Stress, Kummer, Sorgen, hieß es. „Wie das Leben spielt! Der Tod gehört zum Leben!". Vielleicht war es eine Art Strafe, dass ich mein Kind verlor, weil ich das andere Kind abtreiben ließ? Könnte man eine Fehlgeburt als Vergeltung ansehen? Eine Strafe Gottes? Gott spiele niemals mit menschlichen Seelen, belehrte mich meine Mutter eindringlich. Nachdem ich mich einigermaßen erholte und die Klinik verlassen durfte, erfuhr ich die bittere Wahrheit. Die Wahrheit über meine Mutter und meinen Freund Thomas! Thomas war ins Krankenhaus geeilt, weil meine Mutter ihn benachrichtigt hatte. Bis zu dem Zeitpunkt trug ich keinerlei Ahnung in mir von der Tragödie unserer Geschichte. Immerhin hatte ich sorgfältig darauf geachtet, dass Thomas von meiner Herkunft nichts erfuhr. Woher kannten er und meine Mutter sich plötzlich? Aus Angst, dass er mich abweisen würde, hatte ich ihm die Wahrheit über mich und meine Familie doch verschwiegen? Es gibt immer Menschen, die über andere tuscheln, denen nichts entgeht!

Sie haben ihre Augen und Ohren überall, umgarnen raffiniert andere Menschen, bis diese dann das eine oder andere ausplaudern, welches besser unausgesprochen geblieben wäre. Die Nachbarn von Thomas Eltern hatten fleißig „recherchiert" und herausgefunden, aus welchem „Stall" ich kam. Wortgetreu gebe ich die Ausdrucksweise dieser fiesen Menschen wieder. Daraufhin nahm der Vater von Thomas sofort Kontakt zu meiner Mutter auf. Dies tat er aus gutem Grund, aus einem sehr tragischen allerdings! Einer von beiden, er oder meine Mutter, musste die Liebschaft zwischen Thomas und mir sofort unterbinden! Thomas war der leibliche Sohn meiner Mutter und somit handelte es sich um meinen Stiefbruder. Entstanden aus einer Verbindung zwischen meiner Mutter und Thomas seinem Vater vor genau 18 Jahren. Dieser Mann trat damals mit der Bitte an meine Mutter heran, das Kind, das sie von ihm unter ihrem Herzen trug, nicht abtreiben zu lassen. Er wollte Thomas als sein Kind annehmen! Als seinen leiblichen Sohn! Ein Mann, der zu seinen Sünden stand, oder wie sollte man es nennen? Aus der Liebschaft zu einer Hure war dieses Kind entstanden, dem der Freier das Leben schenkte. Meine Mutter hätte Thomas abtreiben lassen, genauso, wie sie es mit einigen meiner Geschwister getan hatte. Kalt, herz- und emotionslos hätte sie sich beim Engelmacher auch diesem Kind entledigt. Um dies zu verhindern, adoptierte Thomas Vater meinen Halbbruder und zog ihn mit seiner Frau zusammen groß. Wenn mich heute jemand fragt, warum es möglich ist, dass eine Frau einwilligt, ein Kind, das aus einer „Fremdgehgeschichte" ihres Mannes entstanden ist, großzuziehen, so antworte ich darauf: „Es gibt viele Dinge im Leben, die wir Menschen nicht verstehen und die Welt, sie ist generell klein!" Die Adoptivmutter von Thomas konnte keine eigene Kinder gebären, deshalb war sie bereit, das Kind, das ihr Mann gezeugt hatte, großzuziehen und als ihr eigenes anzunehmen. Trotz der schweren Belastung, dass dieser Junge das Kind einer Hure war. Die Beziehung zwischen Thomas und mir wäre höchstwahrscheinlich Inzest gewesen, wenn sie nicht sofort beendet und unterbunden worden wäre. Woher hätten wir Kinder wissen sollen, dass wir Halbgeschwister waren? Thomas war von seinen Eltern bisher nicht über seine Herkunft aufgeklärt worden. Die bittere Wahrheit, das Kind einer Hure zu sein und sein Vater ein Mann, der die Dienste einer Prostituierten in Anspruch genommen hatte. Welch ein Skandal! In der Familie, in der Nachbarschaft, im Ort! Welch eine grausame Realität für Thomas! Entsetzlich dieses Wissen! Brutal und nicht zu fassen! Überall wäre diese Familie zündender Gesprächsstoff gewesen. Welch ein unhaltbarer Zustand für einen angesehenen Geschäftsmann! Thomas hätte unter dieser Situation sehr gelitten. Wahrscheinlich wäre er sogar daran zerbrochen?! Meiner Meinung nach war es eine gute Entscheidung seiner Eltern gewesen, die schreckliche Wahrheit für sich zu behalten und vor Thomas zu verheimlichen. Es gibt Dinge im Leben eines Menschen, die dieser nicht unbedingt erfahren sollte!

Meinen Respekt an diejenigen Menschen, die von diesem Fein- und Fingerspitzengefühl Gebrauch machen können, ohne andere Menschen emotional auszubeuten oder sie zu misshandeln! Manchmal lebt es sich tatsächlich besser im Wissen mit einer Lüge an seiner Seite. Für Thomas und mich brach eine Welt zusammen, als wir von der bitteren Vergangenheit erfuhren. Unsere Liebe hatte keine Chance. Vielmehr, sie durfte keine haben. Verdammt war unsere Liebe. In der Gesellschaft stellten wir etwas absolut Verbotenes dar. Thomas verstand diesen Umstand wahrscheinlich besser als ich, er war bereits drei Jahre älter. Dennoch schien er über die Tatsache, dass wir uns nicht wiedersehen durften, ebenso traurig und entsetzt, wie ich zu sein. Es fühlte sich an, als hätte mir jemand mit einem Vorschlaghammer auf meine Brust eingeschlagen und mir das Herz zertrümmert. Wie betäubt fühlte sich mein Innerstes an. Der Schmerz riss meine Seele entzwei. Durch Thomas figurierte ich zu einem besseren Mensch und das Gefühl, mein Leben endlich im Griff zu haben, war in meiner Seele eingezogen. Thomas wohlbehütetes Elternhaus, den Halt den er von zuhause aus erfuhr, all dies wirkte sich äußerst positiv auf mich und meinen Lebensweg aus. Nunmehr verstand ich die Welt nicht mehr, und alles zerbrach auf eine grausame Art und Weise. Inzest? Was genau war Inzest und warum war es so streng verboten? Von all diesen tragischen Dingen trug ich doch keinerlei Ahnung in meinem kindlich noch begrenzten Wissen. Wie brutal das Leben sein konnte, das war für einen jugendlichen

Menschen wie mich kaum zu begreifen. Meine Gedanken liefen Amok. Unsortiert waren sie! Ein einziges Chaos und abartiges Schreckensgespenst bewohnte und beherrschte plötzlich meine Gefühlswelt. Ein dichter Nebel umgab mich. Es war in Worten kaum auszudrücken, wie ich mich fühlte, oder was ich empfand. Wenn ich überhaupt noch etwas wahrnahm! Manchmal bist du so voll von Schmerzen, dass einfach nichts mehr reinpasst in deinen Schädel. In meinem Herzen gab es längst keinen Freiraum mehr. Deine Innerlichkeit blutet und du weißt die Blutung nicht zu stillen. Auf meine Mutter entwickelte ich plötzlich einen regelrechten Hass. Ja, ich war unglaublich wütend auf sie! Und wie ich das war! Wen oder was hatte sie eigentlich nicht gevögelt in ihrem armseligen Leben? Scheinbar hatte meine Mutter so ziemlich alle Männer aus unserem Wohnort durchgefickt, die nicht bei drei auf dem Baum saßen, wie man so schön sagt. Für einen Moment glaubte ich, meine Mutter wäre ähnlich einem Virus, das sich gnadenlos überall verbreitete. Ohnmächtig glitt ich in den Strudel meiner negativen Gedanken. Es waren äußerst dunkle und perverse Gedankengänge gegenüber meiner eigenen Mutter, auf die ich nicht weiter eingehen möchte. Nachdem sie mich lapidar über die Herkunft meines Halbbruders aufgeklärt hatte, sie tat dies übrigens ohne ersichtliche Gefühlsregung, krampfte sich mein Innerstes zusammen. Meine Seele würgte all meinen Zorn, meine Wut und Trauer in mir hoch. Dieser Umstand ergoss sich schließlich in einer braunen Lache in unsere Toilette. Dieser widerliche Zustand begleitete mich über mehrere Tage und ich kotzte mir meine Fassungslosigkeit aus dem Leib. Stundenlang sperrte ich mich auf der Toilette ein. Nicht nur, dass ich soeben mein Kind verloren hatte, so blieb auch der Glauben an das Gute im Leben auf der Strecke! Wieder einmal, wie so oft schon in meiner verkrachten Existenz brach alles in mir zusammen! Völlig gehen ließ ich mich. Meine Verzweiflung bereitete mir körperliche Schmerzen. Die Scherben meiner Existenz nagten an mir. Sie brachen meine Seele. Die zarte Seele eines Kindes zerbrach splitternd und schmerzvoll entzwei! Alle sahen zu, niemand half. Aus tiefsten Herzen heraus wünschte ich, für ewig in der Hölle zu versinken. Warum um alles in der Welt sollte ich wieder hineingestoßen werden in den abscheulichen Dreck meines Lebens? Warum bloß? Was hatte ich verbrochen, dass ich so hart bestraft wurde? Das war das erste Mal in meinem Leben, dass ich mich mit der Möglichkeit eines Selbstmordes beschäftigte. Meine Pulsadern hätte ich mir aufschneiden können oder von der Autobahnbrücke springen. Mich im Wald an einem Baum erhängen. Es gab viele Wege, den Grausamkeiten meines Lebens ein Ende zu setzen, um ihnen endgültig zu entkommen! Kurz und schmerzlos! Jedoch, wäre das nicht feige gewesen? Sein Leben aufzugeben, nur weil das Schicksal den miesen Verräter spielte und auch andere Menschen an meinem Untergang nicht unerheblich beteiligt waren? Wegen einem anderen

Menschen wollte ich mein wertvolles Leben wegschmeißen? Weil meine Mutter eine dreckige Hure war und sie mir, ihrer Tochter, das Leben völlig versaute, sollte ich mich vor einen Zug schmeißen? Die Idee mit dem Zug gefiel mir in einigen Gedankensplittern weitaus besser als mein verficktes Leben weiterzuleben und wieder in den Dreck zurückzukehren. Vielleicht wartete aber auch bereits die große, randvoll mit Gold gefüllte Schatzkammer bereits auf mich und ich musste mich nur noch ein wenig in Geduld üben? Womöglich hatte sich vielleicht das Tor zur Hölle erneut geöffnet? Und zwar dieses Mal so weit, dass mir gar keine andere Wahl blieb, als hindurch zulaufen und dem Teufel direkt in seine Arme zu springen! Wie schlimm konnte mein Leben noch enden? War ich geboren, um in der Hölle zu sterben? Scheinbar ja! Jederzeit hätte ich mein armseliges Leben beenden können. Ich war einfach zu feige, um es zu tun! Diese Todessehnsucht jedoch, sie war da! Lieber tot als lebendig in diesem grausamen Leben, dachte ich oftmals. Der Tod wäre eine Erlösung gewesen.

Nur er wäre imstande gewesen, mich vor den Abgründen zu retten, auf die ich zusteuerte.

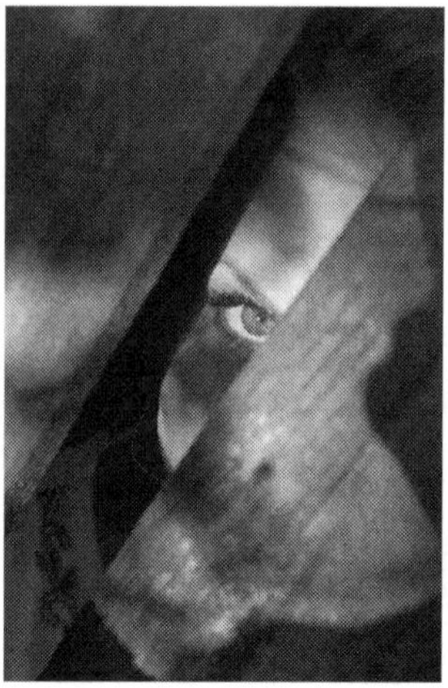

Kapitel IV

Das Jugendamt und andere Probleme

Wieder einmal gelangte ich an eine Stelle in meinem Leben, an der ich nicht wusste, wie es weitergehen sollte. Zwangsläufig passierte, was passieren musste! Ich fiel in meine alten Verhaltensmuster zurück. Konsumierte Drogen und prostituierte mich. Die Schule besuchte ich nur noch dann und wann! Wenn ich Lust dazu hatte, ansonsten blieb ich ihr fern. Bald wäre ich 16 Jahre alt geworden, dann hätte ich die Schule sowieso beenden und von zuhause ausziehen können, mit der Einwilligung meiner Eltern. Da ich keinen offiziellen Vater an meiner Seite hatte, reichte die Einwilligung meiner Mutter.

Sie wäre bestimmt froh, mich endlich vom Hals zu haben, glaubte ich. Mein Bruder Kevin war bereits von zuhause ausgezogen. Mit seiner Freundin hatte er sich zusammen eine Wohnung genommen und uns, seiner Familie, den Rücken gekehrt. Solange ich mich erinnern kann, hatte er für unsere Mutter nur Hass und Abneigung übrig gehabt. Er ging einer Ausbildung nach. Sein Leben schien geregelt. Ich pflegte nicht mehr viel Kontakt zu ihm, weil er in eine andere Stadt gezogen war. Ich glaube heute, er wollte damals unbedingt weit genug fortgehen. Weit weg von seiner Mutter! Weit fort von seinen traurigen Erinnerungen! Damals spielte es für mich keine übergeordnete Rolle, den Kontakt zu ihm aufrecht zu erhalten. Mit meinen eigenen Problemen war ich beschäftigt. Unser Verhältnis war niemals so gut gewesen, als dass einer ohne den anderen nicht hätte existieren können. Ob wir überhaupt Vollgeschwister, oder ebenfalls nur Halbgeschwister waren, blieb bis zu dem Zeitpunkt ungewiss und ein dunkles Familiengeheimnis. Während mein Bruder also ausgezogen war und für sein Leben scheinbar die Kurve bekommen hatte, rutschte ich währenddessen immer tiefer in den Sumpf hinein. Übrig blieb unsere kleine Schwester Jolene. Sie war der Willkür unserer Mutter hilf- und schutzlos ausgeliefert. Wieder und wieder kämpfte meine Mutter einen erbitterten Kampf mit dem Jugendamt. Die Herrschaften „Sesselhocker“ und „Bürokacker“ absolvierten regelmäßige Kontrollbesuche bei uns daheim. Solange der Vorgesetzte, der unserer

Mutter ebenfalls sexuell verfallen, ja ihr beinahe hörig war, die Zügel in den Händen hielt, verlief alles im Sande. Die Zustände bei uns daheim wurden unter den bürokratischen Teppich im „Freudenhaus“ gekehrt. Meine Mutter titulierte das Jugendamt seit jeher nur als Freudenhaus. „Dort sind alle untervögelt, sexgeil und verrückt!“, schimpfte sie. Dass meine Mutter sich nicht wirklich um ein Baby kümmern konnte, dürfte wohl jedem, der meine Geschichte bis hierher verfolgt hat, klar sein! Natürlich war das auch einigen Mitarbeitern vom Jugendamt bekannt. Jedoch war es für sie äußerst schwierig, meiner Mutter das Handwerk zu legen, solange der Vorgesetzte sich regelmäßig von ihr vögeln ließ. Vor allem, wenn dieser in seinen Notizen dokumentierte, dass bei uns alles in bester Ordnung war. Es gab Momente, in denen ich darüber nachdachte, selbst das Jugendamt über die tatsächlichen Zustände bei uns zuhause zu informieren. Nicht meiner Person wegen, sondern weil mich das dringende Gefühl plagte, meine kleine Schwester beschützen zu müssen. Ein kleines, unschuldiges Wesen, so zart und unbedarft, durfte nicht in diese unbarmherzige Hölle hineinrutschen. Jedoch wollte ich meiner Mutter nicht schaden! Eine verzwickte Angelegenheit! Moralisch gesehen wäre es ein Verrat an meiner Familie gewesen. Mit 16 Jahren verfügte ich über eine gewisse Reife, in der ich die Dinge genauer erspürte und sie in ihrer Schärfe und Bedeutung explizierter wahrnahm. Dass es nicht legitim war, dass sich unsere Mutter vor den Augen ihrer Kinder prostituierte und diese teilweise mit in ihre Schweinereien hineinzog, war mir bewusst. Allerdings hatte ich es niemals anders erfahren in meinem Leben. Meine kindlichen Augen nahmen über all die Jahre hinweg die Perversität bei uns daheim als selbstverständlich wahr. Die unhaltbaren Zustände wurden als lästiges, jedoch unabwendbares Übel in meinem Gehirn eingeordnet. Was wäre passiert, wenn ich dem Jugendamt eine Liste vorgehalten hätte, in der ich die Aktivitäten unserer Mutter tagebuchähnlich dokumentiert hatte? Es gab eine derartige Liste. Mein Tagebuch! Das, welches Paul mir zu meinem Geburtstag geschenkt hatte! In ihm war alles fein säuberlich notiert.

All das Leid, das Entsetzen, die Auswüchse der Liebschaften meiner Mutter, ihre brutalen Vorhaltungen gegenüber uns Kindern, sowie die Streitereien zwischen Kevin und mir. Schockierende Tagebucheinträge fanden sich in den zahlreichen Seiten. Sorgsam dokumentiert auf unschuldigen Blättern Papier. Diese Seiten duplizierten ein Spiegelkabinett des Grauens! Heute, viele Jahre später erscheinen sie grauenvoll, absurd und widerlicher, als dem Teufel persönlich die Hand zu reichen. Damals war es mein Leben! Ein alltägliches und für das ich nicht glaubte, mich schämen zu müssen. Letztendlich hielt mich lediglich der Gedanke daran zurück, meine Mutter in die Pfanne zu hauen, dass man mich ebenfalls in ein Heim stecken könnte, oder in einer Pflegefamilie unterbrachte, wenn ich dem Jugendamt entscheidende Hinweise zu der Lebenssituation in unserer Familie gab!

Es war eine Art kindlicher Selbstschutz! Als Kind bist du eingeschüchtert, wenn du in Verhältnissen groß wirst, die für andere Menschen anormal erscheinen. Die Nachbarn kümmerten sich ebenfalls nicht um unsere familiären Verhältnisse. Sie rümpften wohl die Nase über unsere Mutter, ja! Natürlich über uns Kinder auch! Als Kind ist es dir egal, was andere Menschen sagen und hinter vorgehaltenen Händen reden! Meiner Meinung nach hielten die Nachbarn aus purer Angst ihren Mund. Die Männer meiner Mutter, die bei uns ein und aus gingen, waren oftmals Kriminelle. Ihnen waren Recht und Ordnung egal. Vor der Polizei hatten sie keine Angst.

Die Polizei lernte ich in meinem Leben generell als eine Institution kennen, die niemals pünktlich zur Stelle war, wenn es nötig gewesen wäre. Außerdem schritten die grünweißen Bullen, wie ich sie damals nannte, nur ein, wenn jemand bereits kurz davor war den Löffel abzugeben. Solange nichts passierte, machten sie sich die Finger nicht dreckig. Auch wenn sie mit lautem Tamtam und Martinshorn angefahren kamen, zogen sie ebenfalls genauso nutzlos wieder von dannen, wenn es kein Blut zu sehen gab. In der Szene bei uns im Rotlichtmilieu rief man selten die Polizei. Es war bekannt, dass diese nur einschritt, wenn es Blut, Tote und Verletzte gab. Wenn die Mädchen von ihren Freiern verprügelt wurden, hielten sie einfach die Füße still und ließen die Demütigungen schweigend über sich ergehen. Hätten sie die Polizei gerufen, wären sie im Frauenhaus gelandet und dieses hätten sie doch irgendwann wieder verlassen müssen. Die Bestrafung ihrer Freier und Zuhälter wäre anschließend gnadenloser gewesen als zuvor. Aus nackter Angst um dieses Wissen rief niemand von den Mädchen die Polizei. Ein gemeingefährlicher Zuhälter, rasend vor Wut, ist eine ernstzunehmende Bedrohung! Und sie finden dich, wenn du deren Hure bist, glaube mir! Überall!! So weit fort kannst du gar nicht auf einer einsamen Insel verschwinden, dass sie dich nicht aufspüren. Wer einmal in dem Prostitutionssumpf landet, kommt so schnell nicht mehr heraus. Ein Teufelskreis! Drogen und Alkohol halfen ein wenig über die körperlichen und seelischen Qualen hinweg. Leider war aber auch durch den Genuss dieser Betäubungsmittel der totale Absturz vieler Huren lediglich eine Frage der Zeit. Ein Trauerspiel. Die sich prostituierenden Mädchen, wie kaputt sie waren! Traurig! Wie Marionetten bevölkerten sie die Bordsteine der Straßen. Leblose Gestalten, optisch tot und innerlich ohne Seelen. Es war, als würde sich niemand mehr diesen düsteren Gestalten annehmen, um ihnen neues Leben einzuhauchen! Verlorene Seelen, hilflos wartend auf die Freier, damit sie durch die Sexualakte mit ihnen ihre Drogen finanzieren konnten. Viele der Mädchen waren mit sich und der Welt so fertig, weil sie dringend den nächsten Schuss brauchten, dass sie fix und fertig an Straßenlaternen sitzend, auf Rettung warteten. Rot geschminkt die Lippen. Weit ausgeschnitten ihre auffälligen Oberteile. Am liebsten ohne BH untendrunter, damit, wenn sie sich an die heruntergelassenen Fensterscheiben der anhaltenden Autos pirschten, die Freier gleich einen Teil ihrer Beute begutachten konnten. Manche der Mädchen hingen sich absichtlich provokant an die Autoscheiben und griffen gleich nach ihren Brüsten, um sie den Freiern lasziv zu präsentieren. Wie in den Auslagefächern der Bäckerei, in denen Brot und Brötchen hinter der Scheibe auf hungrige Mäuler warteten, präsentierten die Mädchen ihre Brüste über die Autofenster hinweg ins Fahrzeuginnere. Wer also mutig genug war, brauchte um eine Ablehnung der Freier nicht bangen. Leckten diese erst einmal Blut an ihrer Beute, durftest du gleich zu ihnen ins Auto steigen. Sie machten kaum Gesichtskontrolle. Ausgesucht wurdest du nach Busen, Po und Aufmachung. Lack und Leder! Kurzer Rock und Stöckelschuhe! Das passte immer und es gefiel den Männern! Du solltest aufrecht gehen können, das war eine weitere Voraussetzung. Vollgedröhnte Mädchen (mit Drogen & Alkohol) wurden eher abgelehnt. An ein besonderes Mädchen erinnere ich mich. Ihr Name war „Nadja." Nadja war die wohl begehrteste Nutte unter den Straßenmädchen. Eines der ersten Mädchen war sie, das auf dem Straßenstrich tätowiert herumlief und provokant einen Nasenring trug. Außerdem lief sie meist mit freiem Oberkörper umher. Ihr Busen wippte dabei aufreizend im Takt ihrer Schritte. Ihre Oberweite war üppig. „Wenn ich genügend Geld zusammengefickt habe, lasse ich mir Silikon reinstopfen!", posaunte sie oftmals lautstark. Sie stolzierte fröhlich lächelnd die Straße entlang, während die anderen Mädchen stumm und ohne Regung in ihren Gesichtszügen auf der Stelle verweilten. Etliche Männer, die zu Fuß an den zahlreichen Mädchen vorbeischlenderten, blieben neugierig bei Nadja stehen, und staunten über ihre Brüste. „Darfst ruhig mal anfassen, Opa!“, frotzelte sie. Dabei hielt sie frech grinsend einem älteren Mann ihre „Ware“ entgegen und spielte verführerisch mit ihrer Zunge über die knallrotgeschminkten Lippen. Wie ein sabbernder Hund stürzten sich die Männer gaffend auf Nadjas Oberweite. Frauen, die mit ihren Männern gemeinsam des Weges kamen, immerhin führte die Seitenstraße des Straßenstrichs in die beliebte Einkaufsstraße unserer Stadt, hielt sie ebenfalls ihre Brüste vor die Nase. „Dein Alter war doch auch schon bei mir zum Ficken!“, verspottete sie die entsetzten Frauen und warf den Männern ein provokantes Augenzwinkern zu. Nadja war frech wie „Rumpelstilzchen“. Die anderen Mädchen gaben ihr diesen Spitznamen. Ihr verführerisches, bissiges Gehabe ähnelte doch sehr dieser Märchenfigur! Eines Tages, als sie wieder einmal kein Blatt vor den Mund nahm und sich einer Frau lautstark, provozierend und kampflustig in den Weg stellte, holte diese mit ihrer Handtasche aus und schlug Nadja äußerst kräftig mitten ins Gesicht. Nadja drehte sich beinahe einmal um die eigene Achse. „Du dreckige Nutte!“, schrie die Frau erbost. Sie war außer sich. Plötzlich griff Nadja unter ihren Rock und zog einen Revolver hervor.

Den Lauf richtete sie blitzschnell und zielgenau auf die Passantin. „Sag das noch mal!“, fauchte Nadja herausfordernd und ging mit dem Revolver in der Hand festen Schrittes auf die verdutzte Frau zu. Diese ergriff klugerweise die Flucht. Sie rannte eiligst fort und ließ dabei sogar ihre Handtasche fallen. Nadja gab einen Schuss ab. Ob sich in dem Revolver Platzpatronen oder echte Kugeln befanden, das blieb uns allen damals ein Rätsel. Von dem Tag an hieß Nadja auf dem Straßenstrich „Die tätowierte Revolverhure.“ Sie war unter den Freiern heiß begehrt.

„Wahrscheinlich weil sie so frech, offensiv und temperamentvoll ist“, mutmaßte meine Freundin.

Wir Mädchen waren alle neidisch auf die tätowierte Revolverhure und Freundinnen hatte Nadja unter uns Straßenmädchen keine!

Sie verdiente das meiste Geld von uns allen und das oftmals sogar für keinerlei erbrachte Leistung.

Manchmal steckten ihr die Freier oder gaffsüchtige Männer, die zufällig vorbeikamen, 20 Mark in ihren Rock, während sie an Nadja vorbeiliefen oder 50 Mark in ihren Ausschnitt, wenn sie obenherum bekleidet war, was sehr selten vorkam. Dafür durften die Männer jederzeit an ihre Brüste fassen. Auf offener Straße! Tag und Nacht! Die Polizei sammelte Nadja oftmals auf dem Strich ein und nahm sie im Streifenwagen mit auf die Wache. Wöchentlich! „Die Bullen ficken die doch auch!“, posaunte einer der Freier hinter dem davonfahrenden Streifenwagen her. „Deshalb sammeln die das Mädel doch so oft ein! Weil jeder von den untervögelten Jungs mal ran will! Die wird herumgereicht zwischen den Bullen wie eine Dose Bier, glaubt mal!“, lachten einige der Männer dreckig. Einschüchtern ließ Nadja sich dadurch jedoch nicht! Selbst den Beamten gegenüber nahm sie kein Blatt vor den Mund. „Willst mal lecken?“, trat sie den Polizisten streitlustig mit hingestreckten, blanken Brüsten entgegen. Den Mund öffnete sie weit und spielte zänkisch mit ihrer Zunge. „Zum Dank, wenn du meine Titten leckst, blase ich dir auch einen!“ Die Polizisten ließen sich durch Nadjas Gehabe nicht beirren. Obwohl nicht nur unter den Freiern, sondern auch in der Szene gemunkelt wurde, dass man nicht wisse, was sich später im Polizeiauto abspiele, wenn man Nadja mitnahm! „Polizisten sind auch nur Männer!“, frotzelte eines der Strichmädchen feindselig. Eines Tages war sie plötzlich tot, die tätowierte Revolverhure. Goldener Schuss? Hatte sie jemand umgebracht? Brutal ermordet? Die Antwort kennt wohl nur der Tod, der dieses wilde Mädchen aus heiterem Himmel an sich riss. Den letzten Atemzug, den dieses ungezähmte Mädchen nahm, zog sie wahrscheinlich mit solch einer Würde in ihre Lungen ein, dass den Zuschauern der Sterbenden vor Ehrfurcht der Mund offenblieb und sie allesamt staunten, wie furchtlos Nadja war und wie erhaben sie ins Jenseits schritt. Wenn es zu ihrer Todesstunde schaulustige Zuschauer gab, so wäre es für diese garantiert ein unvergessliches Erlebnis gewesen. In der Szene war es keine Seltenheit. Menschen sahen zu, wie andere starben. Weil sie selbst kaputt waren. Zu kaputt, um noch eine menschliche Regung zu zeigen. Mitgefühl und Hilfsbereitschaft wurden durch das Wort Gleichgültigkeit abgelöst! Jedenfalls lehnte Nadja eines Tages zusammengesackt an der Wand einer öffentlichen Toilette. Ihr Gesicht war zu einem diabolischen Lächeln verzerrt. Wahrscheinlich verführte sie auf dem Weg in die Hölle bereits den Teufel höchstpersönlich…wenn sie ihn nicht zuvor erschossen hatte…

Der Leiter vom Jugendamt war ein gern gesehener Gast in unserem Zuhause. Der beste Kunde unserer Mutter. Meine Mutter wies mich jedes Mal an, mich aus ihrem Sichtfeld zu verziehen, wenn er im Anmarsch war. Es wäre für unsere Familienverhältnisse nicht von Vorteil, wenn der gute Mann in berufliche Bedrängnis käme. Tatsachen einer furchtbaren Vergangenheit.

Menschen schauen weg, gehen vorbei an den Dingen, von denen sie glauben, dass sie diese nichts angehen. Auf die Rezensionsfragen zum Buch meiner Biografie, warum, wieso, oder weshalb das Jugendamt wegsah und dass das einige nicht glauben, dass es so war, wie geschildert, stelle ich die Gegenfrage! Warum sieht es denn heutzutage immer noch weg, gute 30 Jahre später? Kinder verwahrlosen, werden von ihren Eltern vernachlässigt, verhungern und im schlimmsten Fall findet man sie sterbend oder tot in den Wohnungen jener Eltern, die angeblich niemals zuvor auffällig gewesen waren! Wer meine Geschichte anzweifelt, scheint ein bisher glückliches Leben zu führen. Ohne TV, Radio und Zeitung! Weit ab vom Weltlichen! Zweifeln diese Menschen auch an den Nachrichten, die täglich durch die Medien geistern? Zweifeln sie an den Erzählungen, dass ein Wahnsinniger mit einem LKW in eine Menschenmenge rast, um zahlreiche Menschen zu töten? Zweifeln sie an den Berichten über Flüchtlinge, die im LKW ersticken, weil sie den Weg in die Freiheit suchten? Hat ein Mensch, egal welcher Herkunft, nicht das Recht auf freie Meinungsäußerung und auf Selbstbestimmung im Herzen? Haben Kinder nicht einen Anspruch darauf, dass sie Hilfe erhalten und ihre Rechte gewahrt bleiben? Über die blöde Frage, welche Botschaft meiner Biografie nach draußen hin, dem Leser zugrunde gelegt werden soll, kann ich nur müde lächeln! Wer eine derartige Frage stellt, hat meine Geschichte überhaupt nicht verstanden! Meine Message soll lauten: Ein Mensch, der in ein tiefes Loch fällt, ist dafür niemals allein verantwortlich!

Er unterliegt dem Schicksal und der negativen Verkettungen von vielen Ereignissen, an denen andere

Menschen ebenfalls Verantwortung tragen. Diese Menschen entziehen sich jedoch ihrem Gewissen, weil sie ihren Kopf nicht hinhalten möchten. Wenn man meine Mutter gefragt hätte, warum sie uns Kindern das angetan hat, sie hätte geantwortet: „Hey! Wieso?! Was tue ich meinen Kindern an? Ich verdiene Geld mit dem, was ich „treibe“ und mit diesem Geld ernähre ich meine Familie! Kaufe ihnen Kleidung! Wie? Ich könnte mein Geld anders verdienen? Ohne eine Ausbildung!? Wie hätte ich bitteschön einen vernünftigen Job finden sollen?“

Die Zukunft meiner Mutter war vermasselt, bevor sie begann.

Genau wie meine…

Sie wusste das.

Ich nicht…

Ich war ein unschuldiges Kind, als ich in den Dreck hineingeboren wurde! Sie eine erwachsene Frau, als sie uns Kinder auf die Welt brachte…

Kapitel V

Au Revoir

Meine Mutter willigte ein, dass ich mit 16 Jahren von zuhause ausziehen durfte und ich vollführte beinahe einen regelrechten Freudentanz vor Begeisterung. Mit zwei meiner Freundinnen, die Mädels waren damals bereits 18 Jahre alt, ich kannte sie vom Straßenstrich, wollte ich zusammen in einer WG einen Neustart versuchen. Fataler Weise glaubte ich, wenn ich erst einmal von zuhause fort war, dass es mir besser gehen würde. Ich wusste genau, warum meine Mutter meiner Bitte nachgab und meinen Auszug aus unserem Haus stillschweigend duldete. Auch ohne ihre Einwilligung wäre ich gegangen! So jedoch bewahrte sie ein reines Gewissen. Es war ihr wahrscheinlich sowieso mehr als recht, dass ich endlich die Biege machte aus ihrem Leben. Oft genug warf sie mir im Streit vor, dass sie mit mir nichts als Ärger hätte! „Wenn es schiefgeht, Franzy, kommst du eben wieder zurück nach Hause! Dein Zimmer werde ich so belassen, wie du es verlässt!“ Die Worte meiner Mutter verblüfften mich. Eigentlich rechnete ich damit, dass sie mir sagte, ich solle niemals wieder einen Fuß über ihre Türschwelle tätigen. Meine Mutter verdrückte keine Träne, als ich wenige Wochen später meine Sachen zusammenräumte und den Rucksack und die Reisetasche über meinen Rücken warf. Mein nötigstes Hab und Gut steckte in den Reiseutensilien. Mein Tagebuch, Anziehsachen und persönliche Dinge, die mir wichtig waren, als ich auszog. Meiner kleinen Schwester Jolene drückte ich zum Abschied einen dicken Kuss auf ihre Wange und versprach, sie regelmäßig zu besuchen. Heimlich verdrückte ich einige Tränen. Der Abschied von meiner kleinen Schwester verursachte große Schmerzen in meinem Herzen.

Hätte ich geahnt, welches Schicksal sie ereilen würde, sehr wahrscheinlich wäre ich niemals von zuhause fortgegangen. Ihre kleinen Händchen griffen nach den Kordeln meines Kapuzenpullovers und ihre hellblauen Augen blickten traurig bis in den tiefsten Zipfel meiner Seele. Ein warmer Schauer durchlief meinen Körper.

Jolene und ich waren vom selben Blut. Zart und zerbrechlich unsere Seelen.

„Pass gut auf sie auf, Mum!“, sagte ich mit Tränen in den Augen zu meiner Mutter und wischte mir diese verstohlen aus dem Gesicht. Es war, als hätte ich eine

Eingebung gehabt, dass sich Unheil anbahnen würde im Leben meiner kleinen Schwester. Jedoch lag es nicht in meiner Macht, dieses aufzuhalten oder gar zu verhindern. Zunächst sollte mein Leben in geregelten Bahnen verlaufen und ich glaubte tatsächlich, mit dieser verrückten Idee, von zuhause fortzugehen, erhielt ich die Chance auf ein besseres Leben. Wie gefährlich die Welt dort draußen wirklich war, davon hatte ich nicht annähernd eine Ahnung. Dennoch wollte ich mich in das Abenteuer „Freiheit“ stürzen!

Die beiden Mädchen, mit denen ich die Wohnung teilte, waren keine unbeschriebenen Blätter. Allerdings waren sie mit ihren 18 Jahren eigenständig und somit selbst verantwortlich für ihr Tun und Handeln. Wir kannten uns schon länger aus der Szene. Beide versuchten, genau wie ich, den endgültigen Absprung zu schaffen. Ein normales Leben wollten wir führen. Weg von den Drogen, weg von der Prostitution! Wir glaubten dummerweise, mit einer WG könnte uns das gelingen. Wir drei gingen jedoch schon kurze Zeit nach dem Einzug weiterhin unbedarft unserer Prostitutionsarbeit nach. Anders wäre es gar nicht möglich gewesen, die Wohnung finanziell zu unterhalten.

Das kapierten wir alle ziemlich schnell.

Unser Vermieter schob regelrecht Randale, wenn die Miete nicht sofort am ersten des Monats in bar an ihn übergeben wurde. Damals war das mit einem Bankkonto und dergleichen alles noch nicht so, wie es heute ist. Es hätte uns gut passieren können, dass der Vermieter eines Tages verlauten ließ, wir hätten nicht bezahlt und er uns vor die Tür schmiss. Quittungen oder so etwas in der Art erhielten wir nie. Wie leichtsinnig und blauäugig wir waren! Beide Mädels träumten davon, eine Ausbildung zu beginnen, sie wollten einer rechtschaffenden Arbeit nachgehen, um auf diesem Wege etwas Geld anzusparen! Die Idee war gut, aber deren Umsetzung mangelhaft. Täglich gingen die Freier in unserer Wohnung ein und aus. „Bald habe ich genügend Geld zusammen, dann kann ich endlich den Führerschein machen! Ohne Führerschein kann ich doch keine Ausbildung beginnen!“, rechtfertigte „Samira“ ihre Prostitution. Mir war es völlig egal, wie die beiden Mädels ihr Leben gestalteten. Ich für meinen Teil war froh, endlich fort zu sein von meinem fürchterlichen Leben zuhause bei meiner Mutter. In meinem WG Zimmer hatte ich meine Ruhe und konnte mich zurückziehen, wann immer mir danach war. Die Drogen und die Prostitutionsarbeit hielten jedoch auch mich weiterhin im Griff. Alles in allem lag ich noch an der Grenze zum totalen Absturz. Mit dem Abdriften war der goldene Schuss gemeint, den ich mir jederzeit hätte setzen können. Das tat ich jedoch nicht. Die Angst saß tief. Die Angst vor dem Sterben. Vor dem Tod hatte ich weniger Sorge, als langsam und elendiglich zu krepieren. Mit der Prostitution trug ich ebenfalls meinen Anteil zu den Lebenserhaltungskosten der WG bei. Allerdings lud ich die Freier kaum in unsere gemeinschaftlichen vier Wände ein, um sie von meinen Mitbewohnerinnen begutachten zu lassen, sondern ich suchte erneut den Straßenstrich auf und trieb mich in den Abendstunden dort herum. Bei uns in der WG-Wohnung wurden ekelhafte Orgien gefeiert und diesen musste ich entfliehen. Nein, ich wollte nicht jeden Tag mit dem Dreck der Szene konfrontiert werden! Es blieb mir jedoch nicht erspart. Die beiden Mädels, mit denen ich mich eingelassen hatte, waren der absolut falsche Umgang für mich. Regelrechte Sexorgien feierten sie in unserer Wohnung. In dem gemeinschaftlichen Wohnzimmer befand sich ein Glastisch, unter den sich einer der Freier von Samira legte und von ihr verlangte, dass sie auf den Tisch kacken sollte. Er holte sich währenddessen dabei einen runter. Ein anderer verlangte, dass Samira und Daniela es gemeinsam vor seinen Augen trieben. Das war in der Szene unter den Freiern generell ein besonders beliebtes und antörnendes Spiel. Es machte sie unendlich geil, wenn sie zusehen durften, wie sich die Mädchen gegenseitig befriedigten. Daniela und Samira beherrschten dieses Spiel perfekt. Manchmal beobachtete ich sie heimlich, wie sie sich lustvoll räkelten, gegenseitig ihre Brüste streichelten, leckten und dachte dabei an Susanne. Ja, mir hatte es gefallen, mit einem Mädchen intim zu werden, obwohl ich mir das niemals hatte vorstellen können, bevor ich es nicht probiert hatte. Susanne behielt recht. Ich würde es niemals vergessen, wie es sich anfühlt. Warm, sinnlich, zärtlich und unvergessen! So wollte ich weiterhin dieses kostbare

Gefühl in meiner Erinnerung behalten, und nicht durch einen Freier beschmutzen lassen. Wenn ein Mann dabei zusah, wie ich mich einem Mädchen hingab, wäre es für mich nicht mehr dasselbe gewesen. Wie einen Schatz hütete ich diese sexuell gemachte Erfahrung. Es war mein Geheimnis, dass ich Sex mit einem Mädchen gehabt hatte und dieses wollte ich mit niemanden teilen, oder gar preisgeben Auch für Geld hätte ich es auf Verlangen der Freier nicht getan, mich einem anderen Mädchen hinzugeben. Einen Teil meiner Würde wollte ich behalten. Dieses Ritual hielt mich als Mensch in meinem Stolz aufrecht. Vielleicht ist es schwer zu verstehen, für Außenstehende!

Es beschreibt mein seelisches Befinden zu der damaligen Zeit jedoch hervorragend! Das Gefühl der Liebe, welches Susanne mir schenkte, wollte ich nicht verlieren. Mein letztes Stück Würde im Herzen. Mit Stolz trug ich es!

Wie es um mich und meine eigene Geschichte stand, war Samira und Daniela bekannt. Dass ich die Freier auf normalem Wege auf dem Straßenstrich bediente. Wir hielten es unter uns so, sie kümmerten sich nicht um mich und ich mich nicht um sie. Jeder lebte sein Leben und zog sein Geschäft durch, so wie er es wollte und für richtig hielt. Allerdings hatten wir drei eines gemeinsam. Niemand von uns bekam in seinem Leben die Kurve! Wenn wir uns doch alle vorgenommen hatten, ein besseres Leben zu führen, eines, das in geregelten Bahnen verlaufen sollte, so scheiterten wir alle drei kläglich. Eines Tages kehrte Samira von ihren täglichen Ausflügen nicht mehr in unsere Wohnung zurück. Auch den nächsten Tag kam sie nicht heim. In der darauffolgenden Woche fehlte ebenfalls jegliche Spur von ihr. Sie konnte sich doch nicht in Luft aufgelöst haben? Mit Entsetzen versuchte ich mich dem Gedanken zu nähern, dass sie vielleicht tot sein könnte. Ihre persönlichen Sachen hatte sie in der Wohnung belassen, also sprach nichts gegen einen plötzlichen Auszug, von dem Daniela und ich nichts gewusst hätten oder nichts hätten wissen sollen. Wenn es so gewesen wäre, hätte Samira ihre Sachen mitgenommen, mutmaßten Daniela und ich. Einige Tage später erfuhren wir, dass ein junges Mädchen in der öffentlichen Toilette bewusstlos aufgefunden und ins Krankenhaus eingeliefert worden war. Wer Hinweise zu ihrer Identität geben konnte, weil diese ungeklärt war, sollte sich umgehend bei den Behörden oder im Krankenhaus melden. Die Beschreibung passte erschreckend gut auf Samira. Daniela und ich machten uns sofort auf den Weg ins Krankenhaus.

Der Schreck saß damals tief, als wir unserer Freundin gegenüberstanden und erkannten, dass sie die Welt um sich herum vergessen hatte. Dem Tod nur haarscharf von der Schippe gesprungen und am goldenen Schuss vorbeigerauscht, lag dieses junge Mädchen apathisch in ihrem Bett. Die Zimmerdecke starrte sie mit weit aufgerissenen Augen an, aber in ihrem Blick war kein

Leben mehr zu finden. Sie sah und sah doch nichts. Ihr Bewusstsein war verloschen. Es existierte nicht mehr! Game over! Ihre Hände, die seitlich auf dem Bett lagen, zuckten ununterbrochen. „Die kommt nicht mehr zu uns zurück!“, flüsterte Daniela betroffen. „Was ist mit ihr?“, fragte ich fassungslos. „Wachkoma! Apallisches Syndrom infolge Sauerstoffmangels! Sie wurde wiederbelebt, jedoch war sie wahrscheinlich schon zu lange weggetreten.“, erklärte eine Krankenschwester. Samiras Zustand wirkte auf mich verstörend. Mir wurde schlecht und ich musste mich direkt in dem Krankenzimmer übergeben. Mein Gott, so wollte ich niemals enden. An dem Abend weinte ich mich in den Schlaf…Ein junges Mädchen, das sich erst auf dem Weg ins Leben befand und von einer Sekunde zur anderen sprichwörtlich aus diesem gerissen wurde, empfand ich als äußerst tragisch. Ein furchtbares, trauriges Ende! Wo war ihre Familie? Wo waren ihre Eltern? Warum kümmerte sich niemand um sie? Warum wurde dieses Mädchen nicht vermisst? Die grauenvolle Wahrheit war nichts anderes, als dass sich die Familie von ihrer Tochter längst abgewandt und zurückgezogen hatte. Samira war von ihrer eigenen Familie verstoßen worden. So erging es vielen Mädchen im Rotlichtmilieu. Hilfe gab es für sie keine. Immer wieder hatte Samira von ihren Zukunftsplänen erzählt, unter anderem, dass sie Tierarzthelferin werden wollte. Mein Gott, wie viele Träume hatte dieses Mädchen gehabt und jetzt war alles vorbei? Ihren kleinen niedlichen Hamster, den sie über alles liebte und der in einem kleinen Laufrad beständig seine Runden zog, gleich einem Formel-1-Rennfahrer, nahm ich mit in mein Zimmer und hob ihn sachte auf meine Hand. Sanft streichelte ich dieses zarte Wesen und schluchzte: „Samira kommt nicht mehr zurück!“ Das Zucken seiner winzigen Nase und die rhythmischen Bewegungen der Tasthaare ließen mich etwas erheitern. Welch ein liebenswürdiges Tier und welch ein zutiefst trauriger Tag. An die Pferde aus meinen Reitstunden erinnerte ich mich. Wie gern wollte ich doch immer ein eigenes Pferd besitzen. Einmal nur durch den wundervollen Herbstwald reiten, oder entlang des Strandes durch die ans Ufer anrollenden Wellen galoppieren. Den Wind im Haar spüren und die Tränen im Augenwinkel, die nach Salz und Freiheit schmecken, sich einfach fallenlassen.... Ich sein und leben zu dürfen, so wie es mich glücklich machte - das waren meine Wünsche. All meine Träume, sie gingen mir verloren. Schlichen sich fort, entfernten sich weit aus meinem Leben, entglitten mir. Nichts schien mehr wichtig zu sein. Außer das nackte Überleben, das war alles, was noch zählte. Nicht mehr, nicht weniger. Dabei wollte ich mich doch gar nicht von meinen Träumen verabschieden, sondern an ihnen festhalten und sie leben. Unzählige meiner geweinten Tränen bedeckten das Fell des Hamsters. „ Samira, bitte komm zurück!“, flüsterte ich schluchzend in das Dunkle der Nacht. Meinen Rotz wischte ich mit dem Ärmel meines Pullovers fort und ich fühlte mich so dreckig dabei. Nähe, Liebe und

Geborgenheit. Wie bitter nötig hatte ich diese drei Dinge…

Kapitel VI

Emotionale Hinrichtung

Daniela hatte eine Annonce aufgegeben, dass wir eine Mitbewohnerin für unsere WG suchten. Leider waren die sich dafür interessierenden Mädchen nicht unbedingt großzügig gesät. Vereinzelt trudelten Anfragen herein, die aber alle im Sand verliefen. Finanziell konnten wir beide die große Wohnung von 120 qm nicht halten und brauchten dringend Unterstützung. Wie der Teufel es so wollte, meldete sich schließlich ein junger Mann statt einer jungen Dame. Eigentlich waren Daniela und ich uns schnell einig geworden, dass wir mit einem männlichen Wesen unsere gemeinsame Wohnung nicht teilen wollten. Unvorstellbar schien uns der Gedanke, Kühlschrank, Küche, sowie Esstisch gemeinsam mit ihm zu benützen. „Wir können ihn aber zumindest mal ansehen, oder?", schlug Daniela skeptisch vor, als wir gemeinsam die kargen Zuschriften durchgingen und aussortierten. „Ein Mann kann uns immerhin handwerklich zur Hand gehen!", überlegte ich. „Genau! Und wenn er uns an die Wäsche will, dann machen wir ihn fertig!", lachte Daniela. Jochen, der potentielle Bewerber war ein Student. Angeblich! Reden können die Leute immer viel, wenn der Tag lang ist, sagte meine Mutter stets, und diesen Spruch hatte ich von ihr übernommen. Jochen war der typische Herr Biedermann. Ein Herr Saubermann. Ein kleines Vorzeigebübchen. Ein Intellektueller eben. Was studierte der liebe Jochen genau? Aha, Medizin. Ein angehender Arzt sollte also in die WG zweier Nutten einziehen. Gut, das wusste er ja nicht, was seine beiden Mitbewohnerinnen so trieben. Allerdings ahnten wir auch nicht, was Jochen so trieb. Daniela und ich überlegten, Mitbewohner Jochen über unsere Beschäftigung aufzuklären. Immerhin wäre er früher oder später sowieso Zeuge unserer männlichen Gesellschafter geworden. Zumindest derer von Daniela. Wir beschlossen vorerst, jeglichen Hinweis auf unsere berufliche Situation zu vermeiden. Sollte uns der biedere Jochen zusagen, konnten wir froh sein, einen Ersatz für Samira gefunden zu haben. Finanziell ging uns die Puste aus und wir schlitterten bereits dem finanziellen Abgrund entgegen. Der Vermieter stand beinahe an jedem Abend drohend bei uns auf der Matte und forderte sein Geld. Daniela bot ihm eines Tages freundlicherweise an, dass Geld abzuarbeiten. „Vielleicht haben Sie bestimmte Wünsche?“, fragte sie provokant, als Herr Schmittke wieder einmal aufgebracht an der Tür klingelte. Aufreizend angezogen, weil sie auf einen ihrer Freier wartete, staunte der solide Herr Schmittke nicht schlecht, als er sexy Daniela gegenüberstand. „Ähm“, meine Frau!“, stammelte er unbeholfen. „Joar, die darf gerne zugucken, Schnucki!“, lachte Daniela keck.

Herr Schmittke verschwand wieder im Treppenhaus. Das Angebot lehnte er dankend ab.

Daniela und ich waren uns im Klaren, dass wir alsbald etwas unternehmen mussten, um das Geld pünktlich an Herrn Schmittke zu bezahlen. Er würde bald wiederkommen und wir wollten auf keinen Fall eine Kündigung unserer Wohnung riskieren. Von Herrn Schmittke lernte ich übrigens, dass nicht alle Männer mit angebotenem Sex bestechlich waren.

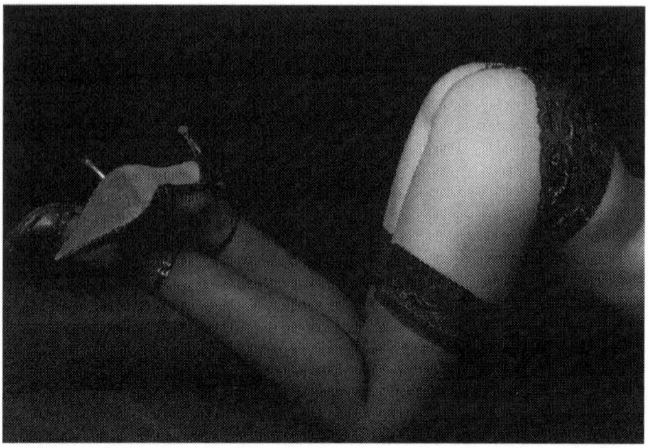

Jochen präsentierte sich Daniela und mir auf Anhieb als besonders sympathisch. Das lag garantiert daran, dass er angehender Mediziner war. Seine feine Art überzeugte uns sofort. Jeder von uns willigte unabhängig der Meinung des anderen in ein Mietverhältnis mit Jochen ein. „Du könntest ihn dir doch angeln, Franzy, dann hast du ausgesorgt!“, witzelte Daniela. Ziemlich bald stellte sich jedoch heraus, dass unser neuer Mitbewohner von einigen lästigen Gemütskrankheiten befallen war. Er war einer von der cholerischen Sorte! Und nicht nur das! Ziemlich rasch bemerkten wir, dass unser Mitbewohner ein äußerst schweinischer Typ hinsichtlich sexueller Neigungen war. Offensichtlich wusste er genau, dass wir unser Geld mit der Prostitution verdienten. Anscheinend verfügte er über ein gut funktionierendes Informationsnetz! Direkt nach seinem Einzug bot er Daniela und mir an, ihn sexuell gegen Geld zu befriedigen. Daniela willigte ein, während ich um

Bedenkzeit bat. Den Gedanken, mit einem Freier zusammen unter einem Dach zu wohnen, fand ich nicht besonders angenehm oder gar reizvoll. Jochen hatte äußerst kuriose Vorlieben. Doktorspiele! Rollenspiele der übelsten und perversesten Art waren seine Phantasien. Das bedeutete für mich zunächst Neuland. Er verlangte von Daniela, dass sie sich anzog, als sei sie eine Krankenschwester. Kurzes, helles Minikleidchen und ein weißes Krankenschwesterkäppi sollte sie auf ihrem Haupt tragen. Strapse durften nicht fehlen. Jochen wies Daniela an, das Höschen untendrunter wegzulassen. In der lächerlichen Aufmachung sollte Daniela ihn anschließend dirigieren. Ebenso erniedrigen und anweisen ihr zu gehorchen! Aufgaben musste sie Jochen zuteilen, die er gefälligst zu erledigen hatte. Jochen wollte gern der „Sklave“ sein, und keine Erniedrigung war ihm zuwider. Er lechzte und sabberte regelrecht nach sexuellen Gemeinheiten und perversen Spielchen. Daniela schickte Jochen tatsächlich lediglich in Unterhose bekleidet auf die Straße. Mit einer Krawatte um den Hals staffiert, sollte er einmal um den Block joggen. Wir beobachteten ihn derweil aus dem Fenster heraus, wie ihm die Krawatte um den Hals segelte und lachten uns kaputt. Jochen tat, was ihm befohlen wurde. Daniela wies ihn an, die Toilettenklobrille mit der Zunge sauber zu lecken, die sie zuvor mit Urin bepinkelt hatte. Er tat auch das und zwar mit einem für mich empfundenen widerlichen Wohlwollen! Jochen ließ sich den Arsch versohlen. Jochen ließ sich an das

Heizungsrohr ketten und harrte solange in dieser Position aus, bis Daniela vom Einkaufen zurückkehrte. Jochen hätte sich auch einen Schuh in den Arsch gesteckt, wenn Daniela es von ihm verlangt hätte. Damals, als er festgekettet an dem Heizungsrohr saß, lief ich einige Male notgedrungen an ihm vorbei, weil ich mir aus der Küche etwas Essbares holte oder zur Toilette ging. Dazu musste ich notgedrungen durch den Flur, in dem Jochen nackt am Heizungsrohr kauerte. Schweigend ausharrend auf Daniela wartend. „Kannst du mir nicht mal ins Gesicht onanieren?", bettelte er. „Komm näher, ich lecke dir deine dreckige Fotze und du spritzt mir ins Gesicht! Wenn das nicht geht, dann pinkel mich an! Bitte! Heb dein prachtvolles Gesäß über meinen Kopf und strull mir deinen süßlichen Eiweißnektar zärtlich über meinen Mund! Ich werde ihn ganz weit öffnen, damit du auch ja hinein triffst! Komm, mach schon! Das wird ein Spaß, wirst sehen!"

Es gab Tage, da war ich von unserem neuen Mitbewohner derart angewidert, dass ich überlegte, ihn irgendwo anzuketten mit einem Tape über dem Mund klebend und ihn einfach verhungern zu lassen oder aus dem Fenster zu schmeißen. Solch ein Mensch wollte Arzt werden und es sollte legitim sein, dass er kranke Menschen behandeln dürfte?

„Du bist völlig wahnsinnig!", fauchte ich Jochen an, weil er mir mit seiner egozentrischen Art dermaßen auf den Geist ging, dass ich zeitweise tatsächlich überlegte, ihn um die Ecke zu bringen. Solch einen perversen Schmarotzer hätte doch niemand vermisst. „Ja, das bin ich! Wahnsinnig“, winselte er. Wenn Jochen sich über irgendetwas aufregte, schrie er ebenso gut drauf los. Die kleinsten Dinge ließen ihn manchmal regelrecht in die Luft gehen und explodieren. Seine Zimmerpflanze fiel von der Fensterbank, weil Daniela das Fenster zum Lüften öffnete und Jochen rastete schlagartig aus. Er beleidigte Daniela als kleine Schlampe und dass sie mal aufpassen sollte, wie sie überhaupt mit dem Eigentum fremder Leute umginge. Warum sie sich überhaupt in seinem Zimmer zu schaffen gemacht hätte und alles so belanglose Dinge, über die er sich aufregte. Gut, Jochen hatte tagelang sein Zimmer nicht gelüftet und der Gestank wurde unerträglich. Danielas Meinung nach hatte sie Jochen einen Gefallen getan, sein Zimmer in Ordnung zu halten. Daniela öffnete nicht nur das Fenster und ließ frischen Sauerstoff in das Ärztezimmer, sie entfernte auch noch die leeren Bierflaschen und Pizzakartons, die der Herr Mediziner einfach unter sein Bett geschmissen hatte. Mit seiner Persönlichkeitsspaltung, und ich glaube, dass Jochen tatsächlich davon betroffen war, kam ich nicht klar. Im Grunde genommen war Jochen ein heulendes Weichei! Ein Mann, der unterwürfig die ekelhaftesten Aufgaben ohne Widerrede erledigte und auf der anderen Seite den aufbrausenden Choleriker aus dem Ärmel zauberte, wenn er Lust hatte das Arschloch vom Dienst zu spielen. Ziemlich schnell wurde mir klar, dass wir Jochen rasch loswerden mussten, wenn wir uns nicht ein riesiges Problem mit ihm einhandeln wollten! Jedoch war das einfacher gesagt als getan. Jochen ließ sich nicht von uns Mädchen beirren. „Ich bleibe! Und wer ein Problem damit hat, der kann ja ausziehen!“, triumphierte er. „Was für ein kleines, ekelhaftes Miststück!“, schnaubte ich wütend über die Worte dieses selbstgefälligen Arschlochs. Immer mehr drängte sich mir der Eindruck auf, dass Männer zu nichts im Leben zu gebrauchen waren, außer zum „Poppen“. Daniela verfügte wiederum über ein sonniges Gemüt. Sie nahm es gelassen, dass Jochen uns schikanierte, wo er die Gelegenheit dazu fand. Dafür überschüttete sie Jochen im Gegenzug mit Strafaufgaben, bei deren Ausführungen ich kotzen musste, wenn ich zusah. Wenn die Toilette zugeschissen war, musste Jochen sie mit der Klobürste säubern und diese danach ablecken. Manchmal sprühte Daniela die kotdurchzogene Bürste mit Sahne ein und erklärte Jochen: „Heute im Angebot, Schokoladeneis mit Sahne!“ Im Miniröckchen wischte er den Boden unserer Wohnung. Seinen Penis beschmierte Jochen auf Danielas Anweisung hin mit Honig und anschließend durfte er die Unterhose drei Tage lang nicht mehr wechseln. Daniela legte Jochen eine Videokassette eines scharfen Pornos in den Rekorder. Während Jochen nackt und mit geknebeltem Mund vor dem Fernseher hockte, durfte er sich nicht rühren. Wie ein Hund lag er am Boden! Scheinbar befriedigte Jochen durch die emotionalen Hinrichtungen sein krankes Gemüt. Keine Ahnung, welche gruseligen Geschichten aus der Vergangenheit er mit sich herumschleppte, sie schienen jedenfalls nicht unbedingt erfreulich gewesen zu sein. Bei Jochen war garantiert in der Kindheit einiges schiefgelaufen. Während Daniela sich also in ihrer Freiheit durch diesen, in meinen Augen erbärmlichen „Wixer", in unserer Wohnung nicht gestört fühlte, er amüsierte sie vielmehr, beschloss ich nur eines: Die WG auf dem schnellsten Wege zu verlassen. Das konnte man sich ja nicht länger mit ansehen. Jochen freute sich wie ein kleines Kind über meinen Entschluss.

Dann könne er ja mein Zimmer beziehen, das sei sowieso viel größer als seins, erklärte er begeistert. Mir sollte es egal sein. Mittlerweile hatte ich eine Anstellung in einem Bordell angeboten bekommen und eine kleine Wohnung wurde mir von der Inhaberin direkt mit zur Verfügung gestellt.

Für mich schien das der Weg für die Lösung all meiner Probleme überhaupt zu sein. Die „Puffmutter", wie wir „Elfriede", die Inhaberin des Bordells nannten, agierte wie eine liebevolle Ersatzmutti für uns anschaffenden Mädchen. In ihren Augen war ich das kleine Nesthäkchen, das besondere Beachtung und liebevolles Betüddeln brauchte. Sie nahm mich unter ihren Rockzipfel. Damals war ich die Jüngste unter den angestellten Mädchen. Zwischen Elfriede und ihrer „Gang" fühlte ich mich sofort wohl. In Sicherheit wähnte ich mich vor den gewalttätigen Zuhältern und abartigen

Freiern, denen ich auf offener Straße begegnete. Auf dem Straßenstrich war man nie sicher, was einen erwartete. Ein Leben mit all den anderen Mädchen auf der Straße war zerbrechlich. Die Chance, dass ich irgendwann vielleicht sogar wieder Freddy in die Arme gelaufen oder einem anderen Zuhälter zwischen die Fänge geraten wäre, schien groß. Zurück nach Hause, das wäre keine Option mehr für mich gewesen. In Elfriedes Bordelle fühlte ich mich beschützt vor der Außenwelt. Während der Straßenstrich mittlerweile zu einem heißen Brennpunkt geworden war, auf dem selten ein Auge trocken blieb, glaubte ich durch die Festanstellung bei Elfriede unter ihrem Dach eine gesicherte Zukunft gefunden zu haben. Der Umgang zwischen den Mädchen untereinander in ihrem Hause funktionierte gesittet und respektvoll. Die ausgesuchten Männer, die Zutritt erhielten, waren keine abgewrackten Straßenpenner, wie die vom Strich!

Es waren gutsituierte und wohlhabende Herren, die ordentlich Geld bezahlen mussten, wenn sie die Nacht mit uns, den Huren, verbringen wollten. Ekel und Abneigung fühlte ich ihnen gegenüber nur in geringem Maße. Die Arbeit in Elfriedes Club war in Ordnung. Die Wohnung ebenfalls mehr als zufriedenstellend! In ihr fand ich die nötige Ruhe und meinen Seelenfrieden, was wollte ich mehr? Sie gebot einen wunderbaren Ausblick über die Dächer der Stadt. Manchmal saß ich gedankenverloren auf der Fensterbank und ließ meinen

Blick mitsamt den bunten und wilden Gedanken in die weite Ferne schweifen. An sonnigen, klaren Tagen konnte man bis zum Fluss hinüberschauen.

Und dann saß ich da. In meiner karg eingerichteten Wohnung und blickte träumend über die weitgefächerten Dächer der Stadt. An all die feinen Männer dachte ich, die unter ihnen zuhause waren. So viele von ihnen besuchten das Nachtleben und betrogen ihre Familien, indem sie uns Huren vögelten. Ihre Frauen saßen währenddessen ahnungslos zuhause und warteten sehnsüchtig auf die Rückkehr dieser Männer, die ich Dreckschweine nenne. Nichtsahnend waren sie, diese bemitleidenswerten Frauen! Keinen blassen Schimmer hegten sie, wo sich ihre Männer, die sie von ganzem Herzen liebten, herumtrieben, während die Kinder friedlich in ihren Träumen schlummerten und von all dem Übel und Elend ihrer Eltern nichts mitbekamen.

Diese Familien nannten es „ihre heile Welt“. Von meinem verdienten Geld blieb genügend übrig, um mir hin und wieder etwas Schönes leisten und kaufen zu können. Daniela war damals traurig über meine Entscheidung die WG zu verlassen. In gewisser Weise verstand sie mich jedoch. „Ich wünsche dir viel Glück, Franzy!“ Sie umarmte mich herzhaft und gab mir zum Abschied einen Kuss auf die Wange. So, wie Freunde sich in unseren Kreisen verabschiedeten, trennten sich schließlich unsere Wege. Natürlich verdrückte ich ein paar Tränen. Den Hamster von Samira nahm ich mit in die neue Wohnung. Der kleine Kerl gehörte mittlerweile zu mir. Wir waren ein Herz und eine Seele, unzertrennlich. Mein Herz schlug immer schon für Tiere, solange ich denken kann… Ebenso glaubte ich damals, ich schuldete Samira etwas und so gab ich all meine Liebe dem kleinen Tierchen. Wollte ihm eine gute Freundin sein, die ich Samira wohl nicht gewesen war, da ich ihr damals nicht helfen konnte.

Manchmal träumte ich des Nachts von Samira, sah vor meinem inneren Auge, wie sehr sie die Drogen und Prostitution immer mehr vernichteten und zugrunde richteten. Stück für Stück ihren geschundenen Körper verschlangen. Wahrscheinlich kehrte sie aus dem Wachkoma nicht mehr ins Leben zurück oder sie war bereits tot. Diese traurigen und schrecklichen Gedanken verdrängte ich. Zu sehr rissen sie mich in die dunklen Abgründe hinein. In dem Bordell war es oberstes Gebot, dass wir Mädchen keine Drogen konsumieren durften, wenn wir unserer Arbeit nachgingen. Zum Dienstbeginn hatten wir „clean" zu erscheinen. Wer sich nicht daran hielt, flog eiskalt raus. In dem Punkt war unsere „Puffmutti" gnadenlos. Einige der Mädchen, die erwischt wurden, diese Anordnung missachtend, mussten sofort ihre Sachen packen und hatten umgehend die Wohnungen zu räumen. Für mich war die oberste „Puffregel" die Ideallösung. Endlich kam ich weg von dem Dreckszeug. Gut, die harten Sachen konsumierte ich bisher weniger. Bei mir verblieb es beim Koksen. Selbst ein wenig Schniefen war bei Elfriede nicht erlaubt und wurde strengstens untersagt! Somit gönnte ich mir den „Schnee", wenn ich einen Tag in der Woche Freizeit hatte. In dem Puff von Elfriede arbeitete ich genau fünf Jahre lang! Fünf Jahre diente ich als Hure und erfüllte den Männern ihre geheimsten Wünsche. Bis ich schließlich 21 Jahre alt war.

Ein wenig möchte ich aus der Zeit, in der ich als Hure festangestellt im Bordell arbeitete, erzählen, weil diese Arbeit mein späteres Leben entscheidend prägte.

Kapitel VII

Ein Wiedersehen & die Arbeit im Bordell

Eines Tages, als ich an der Bar am Tresen saß, gedankenverloren meinen Caipirinha schlürfte und auf den nächsten Freier wartete, der mich buchen würde, legte plötzlich jemand seine Hand von hinten auf meine Schulter und flüsterte ein leises: „Hallo Franzy!“ Langsam drehte ich mich auf meinem Barhocker um 180

Grad und blickte in zwei wundervolle, mir nicht unbekannte Augen. Hingebungsvoll lächelten sie mich an. „Patrick?“, fragte ich erstaunt. Natürlich erkannte ich ihn sofort. Meinen ehemaligen Mitschüler, der vor einigen Jahren unsterblich in mich verliebt war. Ach du meine Güte! Aus dem unbeholfenen, tollpatschigen Streber aus unserer Klasse von damals, war ein stattlicher junger Mann geworden. Hübsch und gutaussehend! Sehr attraktiv! In feinem Anzug, Schlips und Krawatte stand er etwas schüchtern vor mir. „Was machst du hier?“, überrascht blickte ich ihn an. Patrick war in meinen Augen nicht unbedingt der potentielle Puffgänger. „Ich wollte dich sehen, Franzy!“ Patrick setzte sich auf den Hocker neben mich und bestellte eine Bloody Mary. Zärtlich nahm er meine Hand und küsste sie sanft. Lachen musste ich. Patrick der Gentleman. Das würde er auf immer und ewig bleiben! Passte die kuriose Nummer zu diesem Jungen? „Ich habe dich nicht vergessen können, Franzy!

Immerhin warst du meine erste große Liebe und die vergisst man ein Leben lang nicht! Ich wollte dich unbedingt wiedersehen, deshalb kam ich her!“ „Willst du Sex?“, fragte ich etwas unwirsch und herausfordernd. War das nicht die Frage gewesen, die ich Patrick jedes Mal stellte, wenn wir uns begegneten? Ja verdammt noch mal, das war sie und ich schämte mich für mein flegelhaftes Benehmen. Patrick schüttelte den Kopf. „Nein! Es täte mir zu weh, mit dir noch einmal ins Bett zu steigen. Vor allem, wenn ich weiß, dass du keine Gefühle für mich empfindest, Franzy!“ „Das kannst du doch vorher gar nicht wissen, Patrick!“, entgegnete ich nachdenklich. An unser letztes gemeinsames Mal erinnerte ich mich. Als wir in meinem Zimmer lagen und den Sternenhimmel unter meinem Bett anblickten, den ich mit großer Mühe aufgeklebt hatte. Der Sex mit Patrick war damals schön und ich erlebte an dem Tag einen wunderbaren Orgasmus mit diesem Jungen. „Warum wolltest du mich nicht lieben, Franzy“, brachte Patrick sein Anliegen schnell auf den Punkt. „Warum nicht?“, wiederholte er leise seine Frage, während ich schweigend in mein Glas blickte. „Ich hätte dir helfen können, einen Weg aus dieser Hölle zu finden! Ich hätte dich befreien können! Wärst du bereit gewesen, mich zu lieben, wäre dir alles erspart geblieben!“ „Was meinst du mit allem?“ Ich verstand nicht recht, worauf Patrick hinaus wollte. Vielleicht konnte ich die Wahrheit auch nicht an mich heranlassen, weil sie zu schmerzhaft war. „Du hättest nicht anschaffen gehen müssen! Ich hätte für dich gesorgt, wir hätten eine Familie gegründet und dein Leben wäre unbeschwert verlaufen! Wenn du mich nur geliebt hättest!“ Patrick verfiel regelrecht in einen Trauerzustand. Pure Verzweiflung sprach aus diesem Menschen. Sein Herz, es blutete scheinbar wahnsinnig! Ich empfand Mitleid, sah und spürte, dass er litt, und so nahm ich seine Hand und schüttelte dabei den Kopf. „Liebe kann man nicht kaufen, Patrick! Sex ja, aber Liebe, sie kommt tief aus dem Herzen und auch wenn ich dich als meinen Freund sehr lieb habe, so liebe ich dich nicht! Verstehst du das? Jedoch hätte ich dich niemals betrügen wollen, um das Gefühl der Liebe wegen! Ich wollte dir nichts vorspielen!" „Vielleicht hättest du mich irgendwann geliebt, Franzy!" Patricks Augen wurden feucht. Die Tränen standen in seinem Blick. „Bist du glücklich mit deinem Leben, Franzy?" Patricks Frage kam in diesem Moment völlig unvorbereitet. Außerdem war sie so einfach gar nicht zu beantworten. Es hatte Tage in meinem zurückliegenden Leben gegeben, an denen ich viel unglücklicher gewesen war, als in meiner derzeitigen Situation. Auch wenn dieses Zusammentreffen mit Patrick und seinen vielen traurigen Fragen, die ich beantworten musste, aber nicht konnte und wollte, sehr unangenehm war. „Franzy, ich habe ein Jobangebot aus dem Ausland erhalten und ich werde es annehmen!" Patrick senkte den Kopf und der Ausdruck seiner Augen war zutiefst bekümmert. „Hey, das ist doch wunderbar! Dein Leben läuft hervorragend, also kein Grund, so traurig zu sein!", versuchte ich ihn aufzumuntern. Patrick nickte gleichgültig. „Ja, mein Leben scheint ein gutes zu sein! Geld ist genügend vorhanden. Jedoch macht Geld allein nicht glücklich, verstehst du, Franzy!? Die Liebe ist das Wichtigste im Leben eines Menschen und ich kann auch nichts dafür, dass mein Herz immer noch für dich schlägt." Patrick und ich schenkten uns eine innige Umarmung und hielten uns eine Weile so sehr fest, als ob wir einander nie wieder loslassen wollten. Unheimlich tief berührten mich seine Worte in meiner Seele. An dem Abend spazierten wir ein letztes Mal zusammen durch die sternenklare Nacht und hielten uns an den Händen wie zwei frisch Verliebte. Den Aufgang des Vollmondes betrachteten wir verträumt von der hellgestrichenen Bank aus, die in dem kleinen Garten des Bordells im Mondschein friedlich schimmerte. Während die anderen Mädchen ihre Freier in den Zimmern der Hausanlage verwöhnten, blickte ich mit Patrick zusammen in die Weiten des Universums.

Patrick hatte bei Elfriede die komplette Nacht mit mir gebucht und dafür satte 500 Mark hingelegt. 500 Mark, um mir ein letztes Mal seine Liebe zu gestehen und mir zu erzählen, dass er fortgehen musste und mich eigentlich mitnehmen wollte. 500 Mark, um mir den schönsten Stern am Himmelszelt zu schenken. 500 Mark war ich diesem Menschen wert gewesen, nur damit er in meiner Nähe sein durfte. Welch ein bewundernswerter Mensch ging mir an Patrick verloren und welch ein phantastischer Mann glitt mir aus den Händen. Wahrscheinlich war Patrick in der Hoffnung zu mir gekommen, dass ich mit ihm mitging. Mein schlechtes Gewissen ihm gegenüber plagte mich tagelang. Hätte ich seine Hand nehmen und ihm folgen sollen? Ein ganz neues Leben anfangen? Mein Bauchgefühl hatte mir ein deutliches NEIN signalisiert. Warum auch immer es das getan hatte, denn es sprach gegen jegliche Regeln der Vernunft, so unterwarf ich mich dieser Entscheidung, es nicht zu tun. Bis zum heutigen Tag verstehe ich nicht, warum ich

Patrick keine Chance gab! Vielleicht weil ich ihn aus meinem tiefsten Herzen heraus einfach nicht liebte. Ich wollte Patrick nicht wehtun und doch hatte ich ihm das Herz gebrochen! Es tat mir unendlich leid, aber was hätte ich tun sollen? Sein letzter Versuch, mich vor meinem Untergang zu bewahren, scheiterte kläglich. Ja, dieser Mann hätte alles dafür getan, um mich aus dem Sumpf herauszuholen. Völlig uneigennützig war sein Liebe zu mir. Eine wahrhaft ehrliche Liebe! Patrick war einer der Männer, die ein wahrhaftiges Geschenk des Himmels für eine Frau sein konnten! Ein Mann, der einer Frau jeden Wunsch von den Augen abliest. Ein Mann, der alles dafür gegeben hätte, dass es einer Frau an nichts mangelte und sie in seinen Armen wunschlos glücklich sein durfte. All das hätte Patrick für mich getan und noch viel mehr! Bestimmt! Dass ich mich vehement weigerte, Patrick meine Liebe zu schenken, musste für ihn sehr schmerzhaft gewesen sein. An Patrick erinnerte ich mich in vielen weiteren Stationen meines Lebens immer wieder und stellte mir jedes Mal dieselbe Frage, hätte ich auf die Liebe zu ihm hoffen sollen? Hätte ich uns eine Chance geben müssen? Auch wenn mein Herz dagegen sprach? Eine Antwort zu finden mit der Gewissheit, was richtig und was falsch gewesen wäre, war mir damals nicht möglich. Gegen Patrick hatte ich mich entschieden. Eine Entscheidung, die ich aus meinem Herzen heraus getroffen hatte. Oft denke ich daran, wie viele Menschen wohl glauben mögen, dass eine Nutte zu keinen menschlichen Gefühlen fähig ist? Wir tragen vielleicht viel mehr an Gefühl und Sensibilität in uns, als manch anderer Mensch da draußen, der ein biederes und normales Leben führt, glauben mag. Der Alltag im Bordell war an geregelte Abläufe gebunden. Elfriede zog die Fäden und wies uns größtenteils die Freier zu. Anhand der Vorlieben ihrer Kunden suchte sie die Mädchen aus. Ich gehörte zu den eher abgebrühten Huren, zu den Mädchen, die mit einem Mann und seinen perversen Gelüsten gut umgehen konnte. Mir wurde die Perversität von zuhause aus in die Wiege gelegt. Ich wuchs sozusagen mit ihren Auswüchsen auf, wurde von ihr großgezogen. Je verrückter und ausgeprägter die Wünsche der Herren waren, desto teurer mussten sie dafür bezahlen. „Timo“ (Name geändert) war ein „Spezi.“ Für ihn kam nur ich als Hure in Frage. Keines der anderen Mädchen wurde ihm gerecht. Als ich mit ihm das erste Mal in Kontakt kam, schauderte es mir wohl ein wenig, als er erzählte, welche Nummer er gern abziehen wollte. Er liebte es, in den Mund einer Frau zu urinieren, nachdem er zum Orgasmus gelangte. Eigentlich war das gedanklich ein No-Go für mich, weil ich mir ziemlich sicher war, dass ich anschließend kotzen müsste. Als Timo allerdings mit einem 1000 Mark Schein vor meiner Nase wedelte, wenn ich mich seinem Wunsch beugte, schien es mir einen Versuch wert. So viel Geld auf einen Haufen bekam ich selten zu Gesicht. Auf meine Frage, warum ihm dieser perverse Spaß so viel Geld wert sei, antwortete er, es handele sich um eine persönliche Angelegenheit. Seine Mutter hätte ihn als

Kind wie den letzten Dreck behandelt und er schwor sich, dass er ihr als Dankeschön irgendwann einmal in den Mund „pissen“ wollte. Da seine Mutter bereits verstorben war, musste eine Nutte herhalten. „Wenn ich zum Orgasmus komme und dir in deinen Mund strulle, gelange ich danach garantiert noch einmal zum Höhepunkt!“, warnte Timo mich mit ernsten Tönen. Die Show endete nachher ein wenig anders als geplant. Nachdem wir gemeinsamen Sex hatten und Timo mir befahl, mit geöffnetem Mund in die Hocke zu gehen, damit er in diesen hinein urinieren konnte, musste er sich schließlich übergeben, nicht ich. Als er sich wieder einigermaßen gefangen hatte, er rang ordentlich nach Luft, japste er, dass ich die Nummer versaut hätte, und er nicht bereit wäre, mir die 1000 Mark zu bezahlen. Aus allen Wolken fiel ich. Was war das bitteschön für ein Betrüger? Ein armer kranker Irrer! Verlangte die oberste Sauerei von mir, kotzte obendrein das Zimmer voll, und wollte das Geld nach der Show nicht rausrücken? Nicht mit mir! „Ich rufe Elfriede!“, fluchte ich energisch. „Dann wird sie dich feuern! Du weißt, dass du kein Geld außerhalb der Reihe annehmen darfst! Bezahlt für die Nummer mit dir habe ich bereits bei ihr!“ Timo lächelte hinterhältig, wischte sich frech grinsend seinen zugekotzten Mund sauber und sein Ton war äußerst pampig. „Hey du Vollpfosten, was ist dir jetzt eigentlich wichtiger? Deine Mission zu erfüllen und deiner bildlich vor dir stehenden Mutter in ihr dreckiges Maul zu pissen oder die 1000 Mark wieder einzustecken, und unverrichteter Dinge abzuziehen?“ Timo wurde blass. Scheinbar waren wir Nutten in seinen Augen armselige Opfer, die sich nicht aufmuckten und zur Wehr setzten. Da war er bei mir an der falschen Adresse. Ich hätte ihm auch eine auf seine Glocke gehauen, wenn ich es für nötig hielt. Anscheinend war dieser Mensch tatsächlich psychisch krank, denn plötzlich wurde er ganz klein, und wand sich wie ein Wurm vor mir. „Meiner Mami in den Mund zu pinkeln“, jaulte er. Was für ein jämmerlicher Waschlappen Timo doch war! „Dann zeig mal, was du drauf hast, du Muttersöhnchen!“ Demonstrativ stellte ich ihm eine Flasche Champagner vor die Nase, die ich aus der Minibar des Zimmers nahm und forderte ihn zum Trinken auf. „Es muss ja Nachschub hinein in deine Blase!“, flachste ich. Timo kippte sich beinahe den halben Flascheninhalt ohne einmal abzusetzen, in seinen Magen. Wenn ich mir heute, fast 30 Jahre später, im Fernsehen die Sendung „Dschungelcamp“ ansehe, muss ich immer an die Szene mit Timo denken. Also ich hätte in solchen Camps keine Probleme, ich könnte alles runterschlucken! Wieder musste Timo erbrechen. Kein Wunder, so schnell wie er die halbe Flasche Champagner geleert hatte. Dieses Mal drohte er jedoch an seinem Erbrochenen zu ersticken und ich musste rasch die Bordellleitung ins Zimmer rufen. Elfriede kam angelaufen und als sie die Bescherung sah, rief sie direkt den Notarzt. Timo kotzte und würgte, dass ich glaubte, es würde ihm glatt die Seele aus dem Leib reißen. Der herbeigeeilte Krankenwagen nahm ihn schließlich mit,

weil sein Kreislauf ziemlich schlappmachte. Wenig später war ich nicht nur in Besitz von 1000 Mark, sondern es kamen obendrein noch mehrere 100 Mark hinzu, da sich Timos Portemonnaie für ihn blöderweise, noch in meinem Zimmer befand. Natürlich kehrte Timo eines Tages zurück. Und ja, er wollte die Nummer wieder und wieder. Irgendwann hatten wir sie drauf und dieser verdammte Dreckskerl wollte nichts anderes mehr, als mir in den Mund zu pinkeln! Dafür bezahlte er jedes Mal glatte 1000 Mark! Abgesehen davon, dass Timo garantiert zusätzlich 300 Mark zuvor an Elfriede bezahlt hatte, dass sie ihn zu mir schickte. Von dem Geld, welches ich ihm damals obendrein geklaut hatte, als er beinahe erstickt wäre, erwähnte er niemals ein Wort. Nein, ich hatte keinerlei Scheu oder Scham, einen Freier zu bestehlen. Eine kriminelle Nutte war ich. Mein Leben war mir längst aus den Fugen geglitten. Diebstähle gehörten zu den kleineren Delikten. Das Geld, das ich im Laufe meiner Jahre im Bordell verdiente, sparte ich. Für später. Für ein besseres Leben. Darauf hoffte ich. Klar hatte auch ich meine Träume! Vielleicht für ein kleines Häuschen im Grünen, und ich wollte mir endlich den Traum eines eigenen Pferdes erfüllen. Ja, ich hatte nach wie vor diesen Traum, endlich frei zu sein! Nach nichts als nach Freiheit sehnte ich mich in meinem Leben!
„Franzy, warum machst du nicht einfach eine Ausbildung?“ Elfriede nahm mich zur Brust. Das tat sie zwischendurch immer mal wieder. „Du verdienst gutes Geld, Mädchen, du kannst aus deinem Leben noch etwas

machen! Ein Fernstudium vielleicht! Du magst doch Tiere so gern! Wie wäre es mit Tierarzthelferin?" Manchmal glaubte ich, Elfriede wollte mich verarschen. Ohne Schulabschluss konnte ich keine Ausbildung beginnen, und somit hatte ich auch keine Möglichkeit eines Studiums! Elfriede wusste kaum etwas von meiner schulischen Laufbahn. Keinerlei Interesse spürte ich, ihr wieder und wieder mein verkorkstes Leben zu erklären. „Einige Mädchen schaffen es, irgendwann ein neues Leben zu führen, Franzy!" „Jaja!", antwortete ich genervt. Irgendwie würde es schon weitergehen mit mir. Jedoch wollte ich mich mit dem Gedanken, mein sicheres Nest bei Elfriede verlassen zu müssen, um ein anderes Leben zu führen, nicht wirklich anfreunden. Mir fehlte es an nichts meiner Meinung nach. Ich hatte ein Dach über dem Kopf! Etwas Geld in der Tasche! Was wollte ich mehr?

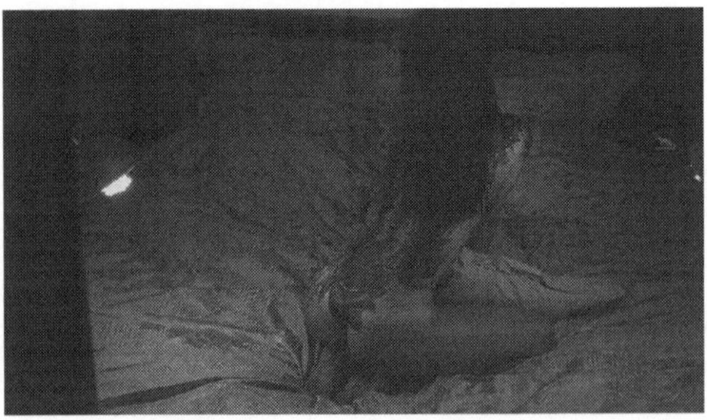

Kapitel VIII

Jolene

Meine Mutter und meine kleine Schwester besuchte ich in regelmäßigen Abständen. An dem Leben meiner Mutter hatte sich nichts verändert. Jolene zwischen der Zuhälterei und Prostitution meiner Mutter aufwachsen zu sehen, brach mir das Herz. Aus der Entfernung heraus betrachtet war dieses Leben ein Albtraum, eine Katastrophe, das meine kleine Schwester führte. Meine eigenen Kindheitserfahrungen wiederholten sich aus dem Blickwinkel heraus bei Jolene auf dieselbe Weise. Auch sie durchlebte das gleiche Trauma. Ungefragt nahm sie meinen Platz in dieser Hölle ein. Die Kleine besuchte irgendwann den Kindergarten, jedoch wurde sie dort niemals ausreichend sozialisiert, es fehlte ihr an Kontakten zu gleichaltrigen Kindern. Deshalb tat sie sich unter den vielen Kindern unheimlich schwer. Jolene wurde nie darauf vorbereitet, mit Gleichaltrigen zu spielen, mit ihnen zu agieren und kommunizieren. Dies ließ schon die Lebenssituation meiner Mutter nicht zu. Niemand von den anderen Müttern hätte sein Kind guten Gewissens zu uns nach Hause gelassen. Zumindest niemand, der um unsere Lebenssituation Bescheid wusste. Jolene verkümmerte regelrecht in ihrer kindlichen Seele. Die Bedürfnisse und Ansprüche eines Kindes konnte meine Mutter nur schlecht bis gar nicht befriedigen.

So gut es ging, beschäftigte ich mit der Kleinen, wenn es meine Zeit zuließ. Die Dankbarkeit meiner Schwester war herzerweichend. Sie lachte und jauchzte, wenn ich sie spielerisch durch die Luft warf. Wir schmusten zusammen und kuschelten in ihrem Bettchen, bis sie schließlich einschlief. Dann erst ging ich nach Hause. Meiner Mutter ins Gewissen zu reden, dass sie sich besser um Jolene kümmern sollte, wäre sinn-und zwecklos gewesen. Ihre Antworten, dass sie bei uns Kindern immer alles richtig gemacht hätte, trotz der schwierigen Lebenssituation, in der sie sich befand, kannte ich nur zu gut. Meine Mutter hinterfragte nicht einmal, warum mein bisheriges Leben so verlief oder warum ich es so lebte, wie ich es derzeit tat. Gelegentlich erkundigte sie sich nach meinem Befinden, aber ein wirkliches, engeres Gespräch zwischen Mutter und Tochter ließ sie nicht zu. Meine Antworten nahm sie mir vorweg, indem sie sagte: „Es freut mich, dass es dir gut geht, Franzy!“ Oftmals verließ ich sie und meine kleine Schwester zum Abschied mit Tränen in den Augen. Später, daheim in meiner Wohnung weinte ich bitterlich. Je mehr Abstand ich zu meiner Mutter gewann, desto deutlicher offenbarte sich für mich das Ausmaß unserer Familientragödie. Es ging genau vier Jahre lang gut mit meiner Mutter und meiner kleinen Schwester, nachdem ich ausgezogen war. Als ich eines Tages unangemeldet zu Besuch kam, weil ich beide überraschen wollte, fand ich meine Mutter weinend und völlig verzweifelt in unserem Haus vor. Neben ihr auf dem Küchentisch stand eine Flasche Rotwein. Das war ein ungewöhnliches Bild für mich. Mit Alkohol hatte meine Mutter, solange ich mich erinnern kann, niemals Probleme gehabt. Getrunken hatte sie jedenfalls nicht. Sofort spürte ich, es musste etwas passiert sein! Angst breitete sich in mir aus. Meine Mutter weinte umso bitterlicher, als ich meinen Arm tröstend um ihre Schulter legte und vorsichtig fragte, was passiert sei. Leise und beruhigend sprach ich auf sie ein, jedoch beruhigte sie sich gar nicht mehr. Sie schluchzte erbärmlich. „Was ist passiert, Mama?" Meine Angst steigerte sich in Panik.

Ich ahnte, dass vielleicht etwas mit Jolene geschehen sein musste. Hoffentlich war sie nicht tot. Warum auch immer dieser Gedanke in mir aufkeimte, dass meine kleine Schwester ihr Leben verloren haben könnte, so hielt ich es in Anbetracht des kritischen Zustands meiner Mutter durchaus für möglich. Wenn irgendetwas Dramatisches, Aufwühlendes in meinem Leben geschah, dachte ich immer gleich an das Schlimmste, den Tod. Nichts konnte schlimmer sein in meinem Leben, außer dem Tod. Nicht ein einziges Mal in meinem Leben hatte ich meine Mutter so herzzerreißend weinend gesehen, wie an diesem Tag. „Ist etwas mit Jolene?", sprach ich es schließlich aus. Meine Mutter nickte tränenerstickt. „Ist sie, ist sie tot?", fragte ich leise. Mein Atem stockte. Meine Mutter schüttelte energisch den Kopf. „Nein! Nicht tot!" Zunächst atmete ich wieder auf. Gott sei

Dank. „Sie haben sie abgeholt und stecken Jolene in eine Pflegefamilie, Franzy!“

Meine Mutter nahm einen tiefen Luftzug und kippte den restlichen Inhalt der Weinflasche in ihr Glas. Es schwappte beinahe alles auf den Küchentisch, weil ihre Hände so sehr zitterten. „Das Leben kann man nur im Suff ertragen, Franzy!“ Bei diesen Worten blickte sie mich aus glasigen Augen heraus traurig an. Der Leiter vom Jugendamt, der bei unserer Mutter ein und aus ging, um seine sexuellen Neigungen zu befriedigen, die ihm seine Frau zuhause anscheinend nicht gebieten konnte, war auf unbefristete Zeit beurlaubt worden. In der letzten Zeit hatte es mehrere Auffälligkeiten gegeben. Scheinbar hatte er wohl zu oft beide Augen zugekniffen und dies nicht nur in unserer Familie! Im Jugendamt konnte man scheinbar über gewisse Zustände bestimmter Familien nicht mehr länger hinwegsehen. Wir gehörten anscheinend dazu. Als ein neuer Vorgesetzter den Bezirk übernahm, flog unsere Mutter erbarmungslos auf. Sofort entzog man ihr das Sorgerecht für Jolene. In der Akte wurde vermerkt: „Die berufliche Tätigkeit der Prostitution in den häuslichen vier Wänden bedeutete für ein vierjähriges Kind einen unhaltbaren und inakzeptablen Zustand. Frau Friedrich ist mit sofortiger Wirkung das Sorgerecht zu entziehen!“ So geschah es. Ruckzuck wurde Jolene ohne große Vorankündigung durch richterlichen Beschluss aus unserem Hause abgeholt und in eine Pflegefamilie gesteckt.

Den Antrag auf ein Besuchsrecht hätte meine Mutter anwaltlich stellen müssen, aber in ihrem damaligen Zustand war ihr das nicht möglich gewesen. „Meinem Kind kann ich nie wieder unter die Augen treten, Franzy“, weinte sie! „Weil ich es zugelassen habe, dass man die Kleine in eine Pflegefamilie steckt!“, jammerte sie haltlos. In dem Moment spürte ich kein Mitgefühl für meine Mutter. Abneigung traf es eher. „Du hast es jahrelang stillschweigend zugelassen, dass die Augen deiner Kinder der Prostitution in unserem Hause ausgesetzt waren und jetzt jammerst du, dass du Jolene nicht mehr unter die Augen treten kannst, weil sie in einer Pflegefamilie untergebracht ist?“ Fassungslos war ich über das kranke und wirre Gerede meiner Mutter.

Ihre Gedankengänge waren nicht nachvollziehbar und mir unbegreiflich. Sie hatte sich schon immer eine Welt zurechtgezimmert, die so gar nicht existierte. Ich war zu dem Zeitpunkt knapp 20 Jahre alt und eigentlich war dies nicht unbedingt ein Alter, in dem ich ausreichend Einblick in die Gesetzgebung im öffentlichen Leben gehabt hätte. Eines wusste ich genau! Meine Mutter litt seit Jahren bereits an einer Persönlichkeitsstörung. An Depressionen und vielleicht sogar an Schizophrenie. Durch den Entzug des Sorgerechts meiner kleinen Schwester nahm das Unheil ungehemmt seinen Lauf und immer mehr offenbarte sich mir die furchtbare Tragödie meiner eigenen Mutter. In den nächsten Wochen erblickte ich oftmals eine Flasche Alkohol im Wohnzimmer oder auch am Küchentisch stehend.

„Willst du jetzt dem Dreckszeug verfallen?", fragte ich traurig. „Du hast mir gar nichts zu sagen, du widerliches Frauenzimmer!", fluchte meine Mutter und schmiss in ihrer Wut ungehemmt eine Flasche Rotwein an die Küchenwand. Immer wieder, wenn ich meine Mutter besuchte und sie nicht gerade mit ihren Freiern beschäftigt war, hing sie an der Flasche. Das Haus war längst nicht mehr so aufgeräumt, wie ich es von früher gewohnt war. Der Staub breitete sich erbarmungslos auf den Fensterbänken aus. Das Badezimmer wurde nicht mehr gewischt. Die Wäsche nicht gebügelt und die Zimmer scheinbar nicht mehr gelüftet.

Es stank nach Sex im ganzen Haus sowie nach Urin und anderen Körpersekreten. Den Müll brachte niemand mehr hinaus. Meine Mutter ließ sich gehen, wie ich es von ihr nicht kannte. Entsetzt war ich. Fassungslos und ebenfalls hilflos. Zusehen musste ich ihrem gnadenlosen Verfall. Ab und zu hatte sie ein blaues Auge, wenn sie die Tür öffnete. Wahrscheinlich ein schmerzendes Andenken ihrer Freier. Vielleicht parierte meine Mutter nicht mehr so, wie von ihnen gewünscht. Ich wusste es nicht. Es waren lediglich Vermutungen und Spekulationen. Mir wäre es am liebsten gewesen, die Verbindung zu meiner Mutter komplett aufzugeben. Mit ihr konnte ich mich nicht mehr identifizieren. Ihrem Untergang zuzusehen war für mich obendrein eine psychische Belastung. Niemand war da, bei dem ich mich hätte ausheulen können! Niemand, der mich in den Arm genommen hätte!

Hilflos und völlig auf mich alleingestellt, musste ich dem Untergang meiner Mutter zusehen. Mehrmals versuchte ich mit meinem Bruder Kevin Kontakt aufzunehmen und ihn um Rat zu bitten. Hilfe brauchte ich! Dringend! Er lehnte mich und meine an ihn gerichtete Bitte eiskalt ab. „Mit meiner Mutter will ich nichts mehr zu tun haben!

Schreib dir das gefälligst hinter die Ohren, Franzy Friedrich!“ brüllte er ins Telefon und knallte wütend den Hörer auf die Gabel. Wie es weitergehen sollte, wusste ich nicht. Mehrmals versuchte ich meiner Mutter den Gedanken schmackhaft zu machen, einen Rechtsanwalt mit der Wahrnehmung ihrer Interessen zu beauftragen. Auf taube Ohren stieß ich. Dabei wollt ich meiner Mutter doch nur helfen! Zuzusehen, wie ein Mensch an seinem seelischen Kummer zerbricht, ist etwas ganz Furchtbares. Vor allem wenn es sich um die eigene Mutter handelt. Meiner Puffmutter Elfriede vertraute ich mich schließlich aus lauter Verzweiflung über den fortschreitenden Zerfall meiner Mutter an. Ihre Worte waren hart und direkt. Jedoch hatte sie wohl recht mit der Aussage, dass ich einen Strich unter meine Mutter ziehen müsse, um nicht selbst an der Situation zu zerbrechen. Nein, ich war keine Drecksschlampe, die ihre eigene Mutter verrecken ließ. Allerdings waren mir die Hände gebunden, ihr zu helfen. Den damaligen Leiter des Jugendamtes suchte ich schließlich auf und bat ihn um Hilfe. Er, der mit meiner Mutter jahrelang eine heimliche Affäre eingegangen war. Er, der meine Mutter und ihre Taten jahrelang stillschweigend gedeckt hatte. Er, der in unserer Familie ein und ausging, wie ein Straßenkater, der um Futter bettelte. Dass er mich nicht der Tür verwies, als ich vor ihm stand, erstaunte mich. Aus purer Angst wahrscheinlich bat er mich in die Wohnung. Vielleicht hegte er den Verdacht, ich würde ihn erpressen wollen. Auf ihn Druck auszuüben, wäre mir niemals in den Sinn gekommen. Womöglich hatte er die Befürchtung, dass ich seine schweinischen Aktionen seiner Frau erzählte. Seine Frau war an dem Tag nicht zugegen, als ich ihm einen Besuch abstattete. In meinen Augen war sie nichts anderes als eine arme Drecksau, die von den

Machenschaften ihres Mannes nichts wusste. Oder aber noch schlimmer, sie stillschweigend die familiäre Katastrophe einfach aussaß. Die beiden waren selbst Eltern zweier Kinder und spielten nach außen hin scheinbar die heile Familie, während der Vater zu meiner Mutter ging, um sich von ihr „pimpern“ zu lassen. „Wie viel Geld willst du, damit du den Mund hältst, Franzy?“, lauteten seine nicht geraden freundlichen Worte zur Begrüßung. Nachdem ich die Sachlage aufklärte, und ihm sagte, dass er sich sein Geld in den Allerwertesten stecken könnte, gestand er mit hängendem Kopf, er könne mir nicht helfen. Er selbst habe ein Verfahren am Hals und wisse nicht, wie es weiterginge. „Und das alles nur der Liebe wegen!“, schnaubte er wütend. „Liebe?“, fragte ich zweifelnd. Niemals konnte das, was er mit meiner Mutter getrieben hatte, Liebe gewesen sein. „Doch, doch, ich habe eure Mutter geliebt, Franzy!“ Genug gehört hatte ich. Welch ein erbärmlicher kleiner Wixer er doch war, der Mann vom Jugendamt! Erschreckend, wie viele erbärmliche, männliche Wesen in meinem Leben überhaupt eine beachtliche Rolle gespielt hatten, und über welchen Zeitraum hinweg sie dies taten. Der einzige Mensch, der vielleicht noch hätte helfen können, wäre Paul gewesen. Wo war er abgeblieben? Von der Bildfläche verschwunden! Als es damals um die Vergewaltigung bei mir durch seinen Freund Roland aus dem Zoogeschäft ging, hatte er sich in unserer Familie zügig rar gemacht. Vielleicht trug er damals gar keine Mitschuld an dem grässlichen Vorfall, und meine Überlegungen waren falsch gewesen? Ich bin mir sicher, dass diese abscheuliche Tat der Vergewaltigung an mir damals durch Roland verübt wurde. Beweisen konnte ich es natürlich niemals! Womöglich hatte Paul einfach nur ein schlechtes Gewissen, weil er genau wusste, was passiert war und blieb deshalb unserer Mutter und uns Kindern fern. Aufsuchen wollte ich ihn. Irgendwo musste er zu finden sein. Eine Adresse und Telefonnummer hatte ich nicht. Jedoch gab es genügend Menschen in der „Szene“, die mir weiterhelfen konnten, um die Adresse von Paul ausfindig zu machen. Gewiss stand Paul noch im Eigentum dieses feuerroten Sportwagens! Sein auffallendes Auto musste doch irgendjemand gesehen haben! Sicherlich gab es einige Personen die noch persönlichen Kontakt zu Paul pflegten. Auf die Suche nach Paul begab ich mich, weil ich glaubte, in ihm Hilfe zu finden. Die Stecknadel im Heuhaufen wäre vielleicht einfacher zu finden gewesen, als einen ehemaligen Freier meiner Mutter. Aus der Szene wollte mir von den Mädchen zunächst niemand weiterhelfen. Selbst wenn sie Paul kannten, wovon ich ausging, hielten sie bedächtig den Mund. Eine Krähe hackt der anderen bekanntlich nicht die Augen aus. Altes Lebensgesetz! Und im Rotlichtmilieu ist das Wasser manchmal dicker als Blut. Meine einzige Möglichkeit, an Paul zu gelangen, war es, den Tierladen von Roland aufzusuchen.

Back to the roots…

Auch wenn es wehtun sollte, diesen beschwerlichen und steinigen Weg zu gehen - es ging um meine Mutter! Irgendwo ganz tief in meinem Herzen liebte ich sie als diesen Menschen, der sie war. Mit all ihren Fehlern. Ein Kind wird seine Mutter immer lieben, egal was man ihm antut…

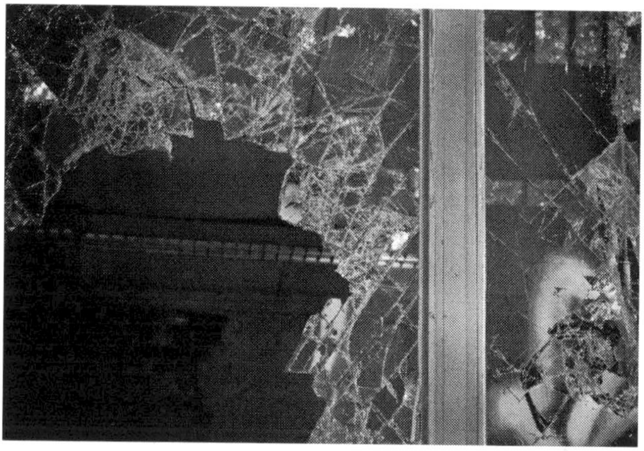

Kapitel IX

Mut

Fest entschlossen war ich zu Roland ins Tiergeschäft zu marschieren und ihn um die Herausgabe der Adresse seines Freundes Paul zu bitten. Dass ich diese Aktion vielleicht mit meinem Leben bezahlen würde, daran hegte ich keinen Zweifel. Der Tod lauerte jedoch bereits vor der Tür meiner Mutter. Wenn ich nichts unternahm, um ihr zu helfen, würde sie sich bald völlig zugrunde gerichtet haben und er würde seine Schwingen erbarmungslos um sie legen. Ihr zuliebe nahm ich einiges in Kauf und auf mich. Sie hatte doch niemanden mehr an ihrer Seite, außer mir, ihrer Tochter.

Bewusst wählte ich eine Uhrzeit aus, zu der ich annahm, dass Hochbetrieb in Rolands Laden herrschte, so wägte ich mich in Sicherheit. Ausspioniert hatte ich den Kundenzulauf im Tiergeschäft aus der sicheren, versteckten Entfernung. Als es tatsächlich voll war in

Rolands Laden, betrat ich mutig meine einstige Arbeitsstätte. Roland räumte zu dem Zeitpunkt einige Regale um. Er hatte mich natürlich nicht gleich bemerkt. Vorsichtig näherte ich mich und nahm all meinen Mut zusammen. „Hey!“, sagte ich unsicher und tippte ihm vorsichtig auf die Schulter. Ich hoffte, meine Worte wären weniger zittrig aus meinem Mund gekrochen. Roland drehte sich um und blickte mich erschrocken an. Mit mir hatte er wahrlich nicht gerechnet. „Ach sieh an, wen haben wir denn da? Die kleine Nutte Franzy! Welch reizender Besuch! Hast du dir jetzt ein Haustier zugelegt? Ich dachte eigentlich, du würdest einen deiner Freier als Köter angeleint am Heizungsrohr bei dir zuhause durchfüttern!“ Sein stechender Blick und seine miesen, dreckigen Worte verfehlten ihre Wirkung nicht. Meine Fassung drohte zu kippen. „Roland, ich brauche bitte die Adresse von Paul!“ Roland lachte höhnisch über meine Worte. „Was willst du denn von dem Idioten? Soll er dir wieder einen Job verpassen? Hast du immer noch nichts gelernt, Franzy Friedrich?“ Roland kam mir bedrohlich nahe. „Das Leben ist schlecht und wenn du einmal in der Hölle gelandet bist, gibt es so schnell kein Entkommen mehr!“ „Kannst du mir weiterhelfen?“, ließ ich mich nicht beirren. Roland lachte verspottend. Er hörte gar nicht auf damit. Dieses dreckige Lachen bleibt mir unvergesslich. „Natürlich kann ich dir helfen! Die Frage ist nur, kannst du dir meine Antwort auch leisten, du kleine dreckige Hure? Wir beide haben immerhin noch eine Rechnung offen!“ Gierig blickte er mich an und gaffte mir in den Ausschnitt meines T-Shirts. Plötzlich geschah etwas, mit dem ich niemals gerechnet hätte. So sehr ich mich bemühte, innerlich stark zu bleiben und nicht nachzugeben, rollten mir plötzlich die Tränen über die Wangen. All der Schmerz und mein Kummer! Die Last der letzten Wochen, Monate und Jahre! Meine Hilflosigkeit! Meine Fassungslosigkeit. Irgendwann kippt die Stärke im Menschen und du kannst den Zusammenbruch nicht mehr aufhalten. Es sprudelt aus mir heraus. Die Verzweiflung über all die Grausamkeiten meines Lebens suchte sich ihren Weg. Allerdings an einer völlig ungünstigen Stelle meines Lebens. All diese vergrabenen Gefühle aus dem Innersten meiner Seele brachen aus mir heraus. Ausgerechnet vor Roland! Weinend und zitternd stand ich da! Mit dieser Reaktion hatte Roland nicht gerechnet. Mittlerweile wurden die Kunden in seinem Laden auf unser Gespräch und mein Schluchzen aufmerksam. Meine Traurigkeit entging ihnen nicht. „Was ist los mit dir, junge Dame?“, fragte ein Kunde neugierig und blickte Roland um eine Aufklärung auffordernd an. „Ist der Inhaber dieses Geschäfts für deine Tränen verantwortlich?“ Der fremde Mann ließ nicht locker. „Ich möchte nur die Adresse von Paul!“, schluchzte ich. „Jaja“, die gebe ich dir hinten im Büro, du musst nur mitkommen!“, triumphierte Roland und klopfte sich heldenhaft auf die Brust. Er, der Retter meiner Tränen! Zumindest versuchte er sich so ins rechte Licht zu rücken vor der Kundschaft im Laden. „Suchst du zufällig Paul Schmitt, den mit dem roten

Sportwagen?" Der Kunde, der auf mich aufmerksam geworden war, traf mit seiner an mich gerichteten Frage den Nagel unerwartet auf den Kopf. Plötzlich zückte er eine Marke aus seiner Hosentasche. Bingo, der Typ war von der Polizei. „Kriminalhauptkommissar", las ich auf der Dienstmarke. „Ich würde dich gerne mitnehmen aufs Revier!", dirigierte er in einem ernsten Ton. „Was habe ich denn verbrochen?", weinte ich. „Nichts! Aber du könntest mir vielleicht behilflich sein und ich dir!" Widerspruch gegen die Staatsgewalt wäre zwecklos gewesen und mir war es an dem Tag lieber zu dem Polizisten ins Auto zu steigen, als mit Roland in die hinteren Büroräume zu verschwinden und mich vielleicht wieder vergewaltigen zu lassen. Was Roland von mir verlangt hätte, um die Adresse von Paul rauszurücken, wäre wahrscheinlich nichts anderes gewesen als Sex. Also fuhr ich mit ins Polizeipräsidium. Einem regelrechten Verhör wurde ich unterzogen. Welches Verhältnis ich zu Roland und Paul pflegte und warum ich die Adresse von Paul ausfindig machen wollte. Die Frage, ob die beiden mich jemals für sexuelle Handlungen gegen Geld benutzt hätten, folgte unerwartet schnell. Auch das Wort „Prostitution" fiel dabei. Weder Paul noch Roland hätten mich jemals zum Geschlechtsverkehr genötigt. Das gab ich wahrheitsgemäß zu Protokoll. Der Polizist glaubte mir nicht. Beide Männer wären keine unbeschriebenen Blätter und seit langem versuche die Polizei ihnen das Handwerk zu legen. Allerdings hätten die Mädchen

Angst, die Wahrheit über die dreckigen Machenschaften der beiden Zuhälter auszupacken. Dass Paul ein Zuhälter sein sollte, war mir bisher fremd und die Information neu. Dass ich glaubte, dass Roland vielleicht an meiner Vergewaltigung beteiligt war, verschwieg ich den Beamten. Über meinen Missbrauch zu reden, das gelang mir moralisch einfach nicht. Ich schämte mich für das, was man mir angetan hatte und bewahrte darüber eisernes Stillschweigen. Niemals hätte ich über das brutale Verbrechen, das man an mir und meinem Körper begangen hatte, meine Verschwiegenheit gebrochen. „Warum brauchst du die Adresse?" Auf die Frage des Kriminalbeamten hatte ich bereits gewartet und überlegt, mit welch genialer Antwort ich ihm hätte gegenübertreten können. „Muss ich darüber Auskunft geben?", fragte ich vorsichtig. Der Beamte schüttelte den Kopf. „Nein! Natürlich nicht! Aber wir müssen dir auch nicht den Wohnsitz eines Zuhälters mitteilen, den du suchst! Du solltest dir also gut überlegen, wie wichtig dir unsere Information gegen die deinige ist!" Wahrheitsgemäß teilte ich mit, dass ich auf Hilfe hoffte für meine kranke Mutter. Ich erzählte, dass meine Mutter eine Prostituierte war und Paul bei uns zuhause ein und ausgegangen war in den letzten Jahren. Jetzt sei sie krank und ich glaubte, dass Paul ihr helfen könnte. Die Beamten, ein weiterer war mittlerweile hinzugekommen, lachten herzhaft. „Ein Zuhälter soll deiner Mutter helfen?", schmunzelten sie. „Darf ich jetzt gehen?", anscheinend brauchte ich auf eine Antwort bezüglich

Pauls Adresse nicht mehr zu hoffen. Die Beamten stellten mir weitere Fangfragen. Scheinbar war es niemals ihre Absicht gewesen, mir Pauls Adresse mitzuteilen! Allerdings kritzelte der Kriminalbeamte zu guter Letzt tatsächlich etwas auf einen Notizzettel, faltete ihn zusammen und schob ihn mir freundlich grinsend zu. „Du darfst gehen!“, lachte er hämisch und hielt mir die Bürotür auf. Als ich aufatmend das Präsidium verließ, glaubte ich, dass die unangenehme Begegnung mit der Polizei wenigstens mit der Adresse von Paul für mich geendet hätte. Stattdessen las ich, als ich den Zettel auseinanderfaltete: „Junge Damen sollten sich von Zuhältern und aus dem Bereich des Rotlichtmilieus fernhalten, wenn sie nicht zeitig ins Gras beißen möchten!“ In dem Moment glaubte ich, dass der dreckige Bulle hinter seinem Bürofenster stand und er genau beobachtete, wie ich entsetzt seine gekritzelte Botschaft las. Den Stinkefinger hob ich in Richtung des Fensters und schrie: „Ihr verdammten Bullenschweine!“ Über Umwege gelang es mir einige Tage später tatsächlich an die Adresse von Paul heranzukommen. Um sich in Informationen einzufinden, kannst du dich in der Szene meistens „durchvögeln“. Für guten Sex werden einige Freier oft sehr gesprächig! Mit der Straßenbahn gelangte ich zu Pauls Wohnbezirk. „Ach du meine Güte, welch eine noble Gegend.“, staunte ich anerkennend. Paul schien ein reicher Erdenbürger und von edler Herkunft zu sein. Respekt! Sein Haus, falls ich die richtige Adresse in den Händen hielt, die mir der kleine Gelegenheitsficker

„Karl“ gegeben hatte, glich einer Nobelvilla. „Karl“ war ein sogenannter Informant. Ein Spion aus der Rotlichtszene. Er wusste über viele Dinge, die in dem Gewerbe liefen, Bescheid. Dafür, dass er mit mir eine Nummer schieben durfte, nahm ich statt seines Geldes, Pauls Adresse in Empfang. „Wenn du sagst, wer dir die Adresse gegeben hat und du meinen Namen nennen solltest, komme ich persönlich vorbei und schlitze dir dein kleines, dreckiges Fötzchen auf, Franziska!“, drohte er, als er mir den Zettel mit Pauls Adresse in die Hand drückte. Diese Drohung kaufte ich ihm ab. Karl, der Ritzenschlitzer! Es hieß im Milieu tatsächlich, dass er einer Nutte die Scheide aufgeschlitzt und ihr Blut genussvoll abgeschleckt hätte, weil sie angeblich vertrauliche Informationen mit Spott und Hohn ausgeplappert hatte. Während die Nutte auf dem Bett mit Händen und Füssen von Karl angeschnallt wurde und sie dabei um ihr nacktes Überleben zappelte, durchlebte Karl seine perversen Phantasien und ließ dieser an seinem hilflos zappelnden Opfer freien Lauf. Das misshandelte Mädchen erzählte diese Story später vertrauensvoll einer Freundin auf dem Straßenstrich und von ihr wiederum erfuhr ich die grausame Geschichte. Stille Post am Bordstein! Meine Freundin belächelte diese Angelegenheit damals mit den Worten Karl habe wohl zu oft den Film „Das Schweigen der Lämmer“ angesehen.“ Ich konnte über den Vorfall damals nicht lachen. Über die Grausamkeiten der Freier, den Gesetzen des Rotlichtmilieus und der gnadenlosen Rache von

Zuhältern und den miesen Geschäften der Hells Angels, verstand wohl kaum jemand mehr, als ich. All die Stufen der Misshandlung und Erniedrigung, ausgeübt durch Hände des verschiedensten Publikums aus der Szene, hatte ich zuhause und auf dem Straßenstrich durchlebt. Das letzte, was ich gebrauchen konnte, war an einen Freier zu geraten, der meinen Körper massakrierte und meine Scheide aufritzte. Jedenfalls glich Pauls Zuhause einer Villa. Protzig und edel! In einem Nobelviertel der elegantesten Art befand ich mich. Jeder hier fuhr ein dickes Auto. Jaguar, BMW, Mustang, Ferrari und Mercedes waren die beherrschenden Automarken, die die Garagenzufahrten der reichen Herrschaften schmückten und spiegelblank auf eine Ausfahrt ihrer Besitzer warteten. Scheinbar war Paul wohl doch ein Zuhälter. Zuhälter besaßen immer dicke Autos, fette Kohle und ein gutes Ansehen sowie ein imposantes Auftreten. Als ich an dem Gartentor klingelte, entdeckte ich eine Videokamera. Jede kleinste Bewegung zeichnete das Gerät auf und wahrscheinlich war ihm nicht entgangen, dass da jemand vor dem Haus stand. Hastig zog ich die Kapuze meines Pullovers über meinen Kopf. Verhindern wollte ich, dass Paul mich sofort erkannte und mir dadurch den Zutritt verwehrte. Plötzlich aber öffnete sich geräuschlos das Gartentor. Erstaunt war ich, dass durch die Sprechanlage niemand fragte, wer oder was am Tor stand. Die Haustür öffnete sich knarrend und eine Frau stand lässig im Türrahmen. Sie trug ein rosafarbenes, aufreizendes Kleid mit einem tiefen Ausschnitt. Ihre

Figur war beneidenswert. Wunderschöne blonde Haare, rotgeschminkt ihr Mund, weiße Stöckelschuhe. Sie blendete mich in all ihrer Schönheit. „Wer bist du?“, rief sie, ehe ich die Stufe zu der Haustür erreicht hatte. Ich blieb stehen. „Franzy! Ich möchte bitte zu Paul!“ „Paul ist nicht zuhause!“ Mein Gesicht musste in dem Moment einen ziemlich enttäuschten Eindruck gemacht haben, als ich vernahm, dass ich Paul nicht antreffen würde. All meine Mühen, die ich auf mich genommen hatte, um Paul ausfindig zu machen, waren also umsonst gewesen. Enttäuscht schob ich meine Kapuze vom Kopf und sagte leise: „ Scheiße!“ „Vielleicht kann ich dir helfen?“ Die junge Frau lächelte freundlich. Traurig schüttelte ich den Kopf. „Nein! Ich glaube nicht!“ „Magst du auf einen Kaffe mit reinkommen und mir deine Geschichte erzählen, Franzy?“ Warum stellte sie mir diese Frage? Wir kannten uns doch gar nicht. Ein fremder Mensch bot mir an, mit ihm einen Kaffee zu trinken und ich sollte meine Geschichte erzählen? Woher wusste die Frau, dass ich überhaupt eine Geschichte mit mir herumschleppte? Stand es auf meiner Stirn geschrieben? Stand dort „Fucking life?“ Als hätte sie Gedanken lesen können, fuhr sie unbeirrt fort: „In deinem Gesicht erkenne ich Spuren deiner Vergangenheit, Franzy! Dein Leben schrieb sie dort hinein. Qualen, Kummer, Sorgen, Nöte und Ängste der Menschen hinterlassen schmerzvolle Spuren in den Gesichtern der Menschen und Narben auf ihren Seelen!“ Die Worte dieser Frau hämmerten bis zum heutigen Tage in meinem Kopf. Damals zweifelte ich an meinem Verstand. Bedingt durch das Koksen und Kiffen glaubte ich, mein Gehirn wäre benebelt und meine Wahrnehmung eingeschränkt. Auch Jahre später dachte ich so oft noch an ihre Worte! An die beängstigende Klarheit, die sich darin verbarg! An diese schreckliche und schonungslos ausgesprochene Wahrheit. Sie wollte mir damit nichts anderes sagen, als: „Sieh dich an, Franzy! Schau, wie kaputt du bist Mädchen! „Jeder Mensch, dem du begegnest, sieht, was dein Leben aus dir gemacht hat!“, fuhr sie unbeirrt fort in ihren für mich beängstigenden Worten. „Welche Menschen? Wer sind Sie?“ Meine Frage schien diese Frau erwartet zu haben. „Komm, dann erzähle ich dir meine Geschichte!“ Sie winkte mich freundlich zu sich. Ich zögerte. Was wäre, wenn es sich um eine Falle handelte? Wenn Paul doch zuhause war und diese Frau nur als Lockvogel diente? An die Kamera vor dem Gartenzaun dachte ich. Paul wusste genau, dass ich ein bewegtes Leben führte und vielleicht hatte er diese Frau angewiesen, so mit mir zu sprechen, damit ich Vertrauen fasste und die Falle zuschnappen konnte!? Wenn ich erst in dem Haus gewesen wäre, hätte es so schnell kein Entkommen mehr für mich gegeben. Eigentlich war mein Verhältnis zu Paul immer ein gutes gewesen und ich hegte mein Leben lang Vertrauen zu diesem Menschen. Aufgrund von mehreren Faktoren wurde dieses Näheverhältnis, eigentlich war er ja wie ein Vater für mich, vor Jahren empfindlich gestört und es war nichts mehr so, wie es einmal war. Überzeugt war ich, dass Paul meine Mutter aus ihrer Lethargie hätte befreien können. Paul hatte immer eine Idee gehabt, wenn es brenzlig wurde. Meine innere Stimme flüsterte leise, dass ich Paul vergessen und ihm nicht mehr trauen sollte! Misstrauisch war ich geworden. Mein Leben lehrte mich dies und plötzlich zog ich alle Menschen aus der Szene in Zweifel, vertraute niemandem mehr. Nein, ich wollte das Haus von Paul keinesfalls betreten. „Bitte richten Sie Paul etwas aus!“, sprach ich zu der Frau, die immer noch freundlich lächelnd auf eine Antwort von mir wartend im Türrahmen stand. „Meiner Mutter, der Sophie, geht es sehr schlecht! Vielleicht mag Paul nach ihr sehen! Richten Sie ihm das bitte aus?“ Meine Frage klang flehend. Ich hoffte, diese Frau würde die Notwendigkeit meiner Worte spüren. „Aber klar! Sobald Paul zuhause ist, richte ich ihm das aus! Und du bist sicher, dass du nicht hereinkommen möchtest, fragte sie ein letztes Mal?“ Ich nickte und dann lief ich eilig fort. Tausend Gedanken schwirrten mir durch den Kopf, als ich den Heimweg antrat. Paul hatte mir einst erzählt, seine Frau sei gestorben und Kinder hätte er keine! Wer war dann verdammt noch mal diese Frau? Ein Stoßgebet schickte ich zum Himmel, dass Paul meine Nachricht empfangen, und sich auf den Weg zu meiner Mutter machen würde! Ein paar Tage wollte ich abwarten, bevor ich wieder nach meiner Mutter sehen wollte, in der Hoffnung, dass Paul bereits bei ihr gewesen und eine Lösung für das Problem gefunden hätte. Sogar zu Gott betete ich! Ich war nie unbedingt gläubig gewesen in meinem Leben. Dass ich je einmal eine Kirche besucht hätte, daran konnte ich mich nicht erinnern. Aber jetzt im Angesicht der Tatsache, dass sich meine Mutter in höchster Not befand, erflehte ich Hilfe von Gott! Er sollte sie beschützen und sie wieder auf den rechten Weg führen. Auch wenn es unverzeihlich war, was meine Mutter mir und meinen Geschwistern angetan hatte, so liebte ich sie und sie hatte einen Platz in meinem Herzen! Ich hoffte auf ein Wunder! Gedanklich sah ich sie in unserem kleinen Garten im Liegestuhl sitzen. Ihr erschöpftes Gesicht der Sonne zugewandt. Ein kleines zufriedenes Lächeln lag in ihrem Ausdruck. Die Sonne zeigte ihr schönstes, strahlendes Gelb und kleine, weiße Wolkenschäfchen zogen am blauen Himmel vorbei, und diese beruhigende Harmonie lud zum Träumen ein. Mit geschlossenen Augen träumte meine Mutter von einem Leben, das ihr Freiheit schenkte und nach Liebe duftete…

Kapitel X

Der Tod meiner Mutter

In der Nacht schlief ich schlecht. Wälzte mich unruhig von einer Seite auf die andere. Von Jolene träumte ich. In ihrer Pflegefamilie besuchte ich sie. Als sie mich sah, streckte sie fordernd ihre kindlichen, kleinen Arme nach mir aus, damit ich sie auffangen sollte. Freudig lief sie mir entgegen. Als ich sie umarmen wollte, erwachte ich. Tränen kullerten aus meinen Augen. Meine Mutter musste unbedingt einen Antrag auf das Besuchsrecht für Jolene stellen. Auf jeden Fall wollte ich meine kleine Schwester besuchen. Dazu brauchte ich die Adresse und die Einwilligung des Jugendamtes und auch meine Mutter musste endlich handeln! Sie durfte das Leben ihrer Kinder nicht so einfach wegschmeißen und Jolene aufgeben. Für Jolene war es besser, wenn sie in einer Pflegefamilie aufwuchs, damit ihr das Leid, das ich durchlebt hatte in all den Jahren, erspart blieb. Jedoch konnte uns, ihrer Familie, niemand verwehren sie zu besuchen. Wenn wir uns nicht mehr um sie kümmerten, was sollte sie von uns, ihrer Familie, denken? Dass ihr Leben nichts wert und sie uns egal wäre? Ein grauenvoller Gedanke. Nein! Ich liebte meine kleine Schwester und ich wollte sie sehen! Unbedingt! Damit mir das gelang, musste ich zunächst unsere Mutter wachrütteln und sie überzeugen. Mir hätte das Jugendamt keinen Zutritt zu meiner Schwester gewährt, zweifelte ich. Es war früh am Tag und ich glaubte zu dieser Zeit meine Mutter bestimmt noch nüchtern vorzufinden. Eine gute Zeit also, um sie zu besuchen und mit ihr vernünftig zu reden, wie es weitergehen sollte. Vielleicht hatte Paul sie mittlerweile besucht und es ging ihr bereits besser! Ein angenehmer Gedanke! Einige Male drückte ich unsere Türklingel vergebens. Niemand öffnete. Das war ungewöhnlich. Wenn meine Mutter zuhause war, öffnete sie stets die Tür. Ratlos blickte ich auf die Uhr. 9 Uhr! Wohin sollte meine Mutter so zeitig unterwegs sein? Den Haustürschlüssel trug ich stets an meinem Schlüsselbund. Jedoch gab es seit jeher in unserer Familie eine Abmachung und ich hielt mich auch jetzt an diese. Wenn wir damals als Kinder klingelten und unsere Mutter nicht öffnete, wir aber wussten, dass sie zuhause war, erhielten wir keinen Zutritt. Wir mussten warten! Wenn sie mit einem Freier oder Zuhälter beschäftigt war, duldete sie keine Störungen von außerhalb. Sie öffnete uns solange nicht die Tür, bis sie es für richtig hielt. Mich überkam an diesem Tag ein ungutes Gefühl und ich steckte verbotenerweise meinen Schlüssel in das Schloss, um die Tür leise und vorsichtig aufzuschließen. Um diese Uhrzeit konnte meine Mutter unmöglich wichtige Gespräche führen oder einen Freier empfangen haben. Die Geschäfte liefen des Nachmittags und in den Abendstunden. Vielleicht war etwas passiert? Mit zittrigen Händen schloss ich die Tür auf. Sobald ich einen Fuß über die Türschwelle setzte, rief ich ängstlich: „Mama?“ Keine Antwort! Angst stieg in mir auf. Langsam, beinahe schleichend, ging ich in unsere Küche. Der beißende Geruch des billigen Weines aus dem Discounter stieg mir sofort in die Nase. Mehrere Flaschen standen einsam und verlassen auf dem Küchentisch. Einige von ihnen lagen umgekippt neben dem Tisch. Das Rollo des Küchenfensters war heruntergelassen. Ich zog es hoch und öffnete das Fenster, um den lästigen Alkoholgeruch loszuwerden. Die Flaschen räumte ich beiseite. Das Geschirr in der Spüle stapelte sich. Fliegen summten über den Essensresten. Es schien, als hätte seit einigen Tagen niemand mehr die Küche betreten. Ausgestorben und verlassen war der Ort, an dem seit vielen Jahren unsere Familie ihre Probleme besprochen hatte. Am

Kühlschrank hingen unsere kindlichen, selbstgemalten Bilder. Von Kevin und mir aus den Zeiten der Grundschule. Eines der Bilder trug einen kleinen, mit Wasserfarbe gezeichneten, Händeabdruck. Dieser gehörte zu Jolene. Vorsichtig nahm ich das Bild vom Schrank und wischte mir eine kleine, einsame Träne fort. „Mama!“, rief ich erneut. Keine Antwort! Mit Schrecken überlegte ich, in ihr Schlafzimmer gehen zu müssen, um nachzusehen, ob sie dort im Bett lag. Vielleicht war alles in Ordnung mit ihr und sie schlief noch, beruhigte ich mich. Die Tür zu ihrem Zimmer war geschlossen. Das war ebenfalls ungewöhnlich. Selten hatte ich erlebt, dass die Tür zum Schlafzimmer zugesperrt war. Sie stand immer einen kleinen Spalt breit offen. Nervös drückte ich die Klinke herunter. Die Tür knarrte unheimlich und beängstigend. Ich getraute mich kaum nachzusehen, und die Tür vollständig zu öffnen. Mein Puls schlug immer schneller, der Schlag meines Herzens dröhnte mir in den Ohren. Dennoch wagte ich den Blick zum Bett meiner Mutter. Die Kissen waren zerwühlt und die Bettdecke unordentlich. Von meiner Mutter fehlte jede Spur. Erleichtert atmete ich auf. Aha! Dann war sie also nicht zuhause. Eine schwere Last fiel zunächst von meiner geplagten Seele. Für einen Moment hatte ich tatsächlich geglaubt, sie wäre vielleicht… Gar nicht weiter darüber nachdenken wollte ich. Erschöpft von der nervlichen Anstrengung ließ ich mich auf das Bett fallen. Einen Moment brauchte ich, um mich wieder zu beruhigen. Das Zimmer war völlig verwüstet. Büstenhalter, Dessous und

Anziehsachen lagen kreuz und quer verteilt. Die Luft im Zimmer roch stickig. Gleitcreme, Kondome und mehrere Vibratoren lagen auf dem Nachttisch meiner Mutter. Neugierig zog ich die Schublade auf. Niemals zuvor hatte ich in den Utensilien meiner Mutter geschnüffelt. In der Schublade lagen viele Bilder. Bilder von meiner Mutter aus ihrer Jugendzeit.

Eines stach mir besonders ins Auge und ich legte es behutsam auf meine Hand! Sie saß dabei als kleiner, blonder Lockenkopf am Rand einer Sandkiste, dahinter waren einige Bäume zu erkennen. Ein unglaublich berührendes Foto! Meine Mutter war so unbeschreiblich hübsch! Sanft fuhr ich mit meinen Fingern über das schwarzweiße Foto.

Auf den anderen Fotos waren wir Kinder zu sehen. Kevin und ich mit unseren Taucherbrillen und der Schwimmkleidung. Das Bild war damals entstanden, als Paul mit uns in den Urlaub gefahren war. Einige Babyfotos von Jolene lagen ebenfalls in der Schublade. Ich sortierte und legte sie zusammen. Zärtlich tat ich das, als könnten sie zerbrechen. Die Zeit verging und meine Mutter schien nicht nach Hause zu kommen. Zwischenzeitlich war ich kurz eingeschlafen und wurde durch das Klingeln des Telefons geweckt. Aufgeregt stürzte ich aus dem Schlafzimmer ins Wohnzimmer und nahm den Hörer ab. „Hallo?“, rief ich aufgebracht. „Sophie?“, fragte eine Männerstimme am anderen Ende der Leitung. „Nein, Franzy hier, die Tochter! Wer ist denn dort?“, sprach ich aufgeregt. Es wurde abrupt aufgelegt. An der Stimme glaubte ich Paul erkannt zu haben. Traurig und gedankenlos rückte ich das Telefon zurecht und überlegte, ob es nicht vielleicht besser wäre, etwas später meiner Mutter nochmals einen Besuch abzustatten?

Meine Blase signalisierte, dass es vorher Sinn machen würde, die Toilette aufzusuchen, bevor ich das Haus verließ. Die Badezimmertür öffnete ich damals nichtsahnend. Unbeirrt marschierte ich ins Bad und schreckte sofort zurück. Die Badewanne war randvoll mit Wasser gefüllt und meine Mutter lag nackt in ihr. Sie blickte mit starr aufgerissenen Augen aus einem völlig aufgedunsenen Gesicht direkt in meine Augen. Ihr Kopf lag etwas unter Wasser. Einen lauten, entsetzen Schrei stieß ich aus, daran erinnere ich mich. Dann zog ich geistesgegenwärtig ihren Kopf aus dem Wasser, indem ich unter die Schultern griff und sie hochwuchtete.

Das Wasser war eiskalt. Ein Kabel, das mir im Weg lag, erfühlte ich. Der Körper meiner Mutter war ebenfalls kalt, sehr kalt sogar! „Was machst du denn Mama?“, schrie ich außer mir. Ich begriff nicht sofort, welch einem Drama ich gegenüberstand. Als ich das Kabel beiseite zog, kam am anderen Ende der Badewanne ein kleiner Reisehaartrockner zum Vorschein, der ebenfalls im Wasser gelegen hatte, durch den Körper meiner Mutter jedoch verdeckt gewesen war. Entsetzt ließ ich meine Mutter los. Leblos glitt sie in die Wanne zurück und ihr Kopf versank wieder im Wasser. Der Fön plumpste in die Badewanne, weil ich das Kabel losließ, als ich verstand, dass meiner Mutter nicht mehr zu helfen war.

Aus ihren leblosen Augen blickte sie mich ein letztes Mal an, während ihr Kopf völlig unter dem Wasser verschwand. Einige Luftblasen stiegen auf, und etwas

Badewasser schwappte auf den Fliesenboden. In dem Moment realisierte ich, was passiert war.

Meine Mutter war tot.

Wie gelähmt stand ich da, und starrte auf das nasse Grab meiner Mutter. Die Zeit stand still.

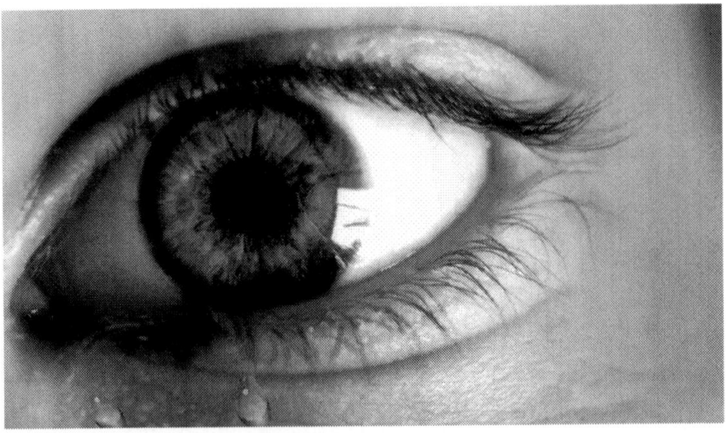

Ich weiß nicht, wie lange ich so dagestanden war, irgendwann lief ich schreiend aus dem Haus. Panisch und schrill mein aufgebrachtes Geschrei, alarmierte es die gesamte Nachbarschaft. Wenig später trafen Polizei und Rettungswagen ein. Unter Schock stand ich. Immer wieder zogen die gleichen Bilder an mir vorüber. Meine Mutter wurde von den Beamten unbarmherzig in einen großen, schwarzen Plastiksack gezerrt.

Ihr nackter Körper verschwand langsam vor meinen Augen, während dieser durch das Schließen des

Reißverschlusses den Leichnam endgültig bedeckte. Der Polizist tat dies ohne jegliche Gefühlsregung.

Die Fragen der Beamten, ob es Angehörige gäbe, die sich um mich kümmern könnten und ob sie weitere Familienmitglieder über den Tod meiner Mutter benachrichtigen sollten, prallten stumpf an mir ab. Nichts um mich herum nahm ich mehr wahr. Dunkelheit legte sich über mich wie ein böser Fluch, aus dem es kein Entkommen mehr gab. Der Tod meiner Mutter hinterließ in mir ein schweres Trauma. Niemals hätte ich damit gerechnet, dass ich sie nicht mehr lebend wiedersehen würde, als ich vor wenigen Tagen von ihr ging. Dass ich zu spät zurückkehren würde. Meine schlimmste Pein war unser sinnloser Streit. Angelastet hatte ich ihr, dass sie sich aufregte über die Tatsache, Jolene verloren zu haben, wo sie doch angeblich immer ihr Bestes in der Beziehung mit uns Kindern gegeben hätte. Mir fehlte an dem Tag das Verständnis für meine Mutter, weil ich die Dinge anders beurteilte als sie es getan hatte. Jetzt war sie tot, meine Mutter…Wie schrecklich. Ohne sich von ihr ein letztes Mal verabschieden zu können, musste ich sie loslassen und mit all den vielen Fragen in meiner Seelenverdammnis allein zurückbleiben. Die nächsten Tage waren furchtbar. Der Tod meiner Mutter wurde als Selbstmord abgestempelt. Die Polizei veranlasste zwar eine Obduktion, aber Elfriede erklärte, dass man das bei Prostituierten generell so machen würde, um ein Fremdverschulden auszuschließen. Der Gedanke, dass meine Mutter obduziert und später aufgeschnitten auf einen kalten, sterilen Tisch lag, war grauenvoll für mich. Sie sollte doch endlich ihren Frieden finden.

Die Polizei schloss ein Fremdverschulden nach den Untersuchungen der Rechtsmedizin aus. Meine Mutter hatte äußerlich und innerlich keine sichtbaren Verletzungen. Allerdings wurden Alkohol und Beruhigungstabletten in nicht unerheblicher Menge in ihrem Blut nachgewiesen. „Dann hatte sie wenigstens einen schnellen und sanften Tod, Franzy“, versuchte Elfriede mich zu beruhigen. Meine Mutter hinterließ kein Testament! Keinen Abschiedsbrief! Nichts dergleichen! In den Nächten träumte ich von ihr. Sie sprach zu mir. Sie hätte keinen Selbstmord begangen, man hätte sie umgebracht, den Fön absichtlich in die Badewanne geworfen! Schweißgebadet wachte ich auf. Die Träume verfolgten mich durch den Tag und wurden mein unausweichlicher Begleiter. Was wäre gewesen, wenn meine Mutter tatsächlich umgebracht worden war? Warum um alles in der Welt hätte sie sich das Leben nehmen sollen? Und selbst wenn sie es getan hatte letztendlich, warum hinterließ sie keinen Abschiedsbrief? Einfach so fortzugehen, ohne ein Wort, wie feige war das? Das war nicht die Art meiner Mutter. Sie war nicht feige. Unser Haus stellte ich auf den Kopf, weil ich nach einem Abschiedsbrief suchte. Durchwühlte alle Schubladen und Schränke. Ergebnislos. Kein Wort des Abschieds. Keine Antwort auf die Frage nach dem

Warum. Es zerbrach mir das Herz. Mein Bruder Kevin reiste an. Völlig herzlos auf der Suche nach brauchbaren Dingen, durchkämmte er ebenfalls das Haus. Auf der Suche nach Dingen, die er gebrauchen konnte. Diese verstaute er auf einen mitgebrachten, alten Autoanhänger. Die Couch, den Fernseher und einige Utensilien trug er ohne ein Wort an mich zu richten, aus dem Haus. Hart wie Stein war er. Nicht eines Blickes würdigte er mich. Ich fragte ihn, ob er gar nicht traurig wäre über den Tod unserer Mutter. Er überging die Frage eiskalt und sagte: „Regelst du die Beerdigung, Franzy?" Seine Kälte im Herzen spürte ich schmerzvoll. Diese Erfahrung war bitter. Ich nickte. Natürlich würde ich mich kümmern, dass unsere Mutter ein anständiges Begräbnis erhielt. Ich glaubte mich zu erinnern, sie hätte irgendwann einmal davon gesprochen, wenn sie sterben müsste, dass sie sich verbrennen lassen wollte. Also übergab ich ihren Leichnam einem Krematorium und die sterblichen Überreste wurden in einer Urne beigesetzt. Auf der Beerdigung waren weder Kevin noch Jolene anwesend. So sehr hatte ich gehofft, meine kleine Schwester endlich wiederzusehen. Dass vielleicht ihre Pflegeeltern mit ihr zu der Beerdigung unserer Mutter erschienen wären!

Einige der anwesenden Menschen kannte ich nicht einmal, die das Begräbnis meiner Mutter besuchten. Dann entdeckte ich überraschend Paul! Er trug eine dunkle Sonnenbrille und hielt sich abseits vom

Geschehen. Dennoch erkannte ich ihn. Zögernd näherte er sich zum Ende der Beerdigung dem kleinen Loch im Erdbodenreich und legte beschützend seinen Arm um meine Schulter, während er eine kleine dunkelrote Rose hineinwarf. „Es tut mir so leid für Euch, Fanzy!“, sagte er mit weinerlicher Stimme. Am liebsten hätte ich mich in seine Arme gestürzt und bitterlich geweint. So sehr fehlte mir ein Mensch, dem ich endlich all meine Trauer und meinen Schmerz übergeben durfte. Niemals in meinem Leben hatte ich erfahren, wie es sich anfühlte, sich in menschlichem Mitgefühl ausweinen zu dürfen. Es war, als hätte mich das Leben vergessen. Was war ich? Ein Etwas, ein lebloses menschliches Wrack. Ein vergessenes Kind! Von Gott vergessen und von der Welt müde belächelt. Ein Blatt im Wind. Nicht mehr und nicht weniger war ich. Mal hierher geweht, mal dorthin geflogen. Paul ging nach seinem kurzen Auftritt der Beerdigung zügig seines Weges. An dem Tag fühlte ich mich nicht mehr in der Lage, mit ihm einige Worte zu wechseln. Meine Kräfte hatten mich verlassen. So viele Fragen hätte ich an ihn gehabt. Ob er meine Mutter vor ihrem Tod noch einmal gesehen hatte? Hatten sie vielleicht sogar zusammen gesprochen, wegen Jolene?

Hatte er sie noch einmal aufgesucht, nachdem ich seine Freundin, oder wer auch immer diese Frau an seiner Haustür war darum gebeten hatte? Paul war zunächst fort und mit ihm gingen einige wichtige Antworten auf unzählige Fragen.

Das Haus unserer Mutter wurde verkauft. Der Erlös aus dem Verkauf wurde zwischen uns Geschwistern aufgeteilt. Der Anteil von Jolene wurde auf einem Konto gutgeschrieben, an das sie mit 18 Jahren herandurfte. Einen Vormund wies man ihr zu, der ihre finanziellen Ansprüche regeln sollte. Mit diesem mussten Kevin und ich uns in mehreren persönlichen Gesprächen auseinandersetzen. Er war sehr unwirsch und ungehalten uns gegenüber. „Na, habt Ihr das Freudenhaus eurer Mutter tatsächlich unter den Hammer gebracht? Das ist ja unglaublich, dass dort noch jemand einziehen möchte! Dort, wo jahrelang Kinder misshandelt, vergewaltigt und Männer pervers befriedigt wurden! Na, Franzy, erzähl doch mal, was deine Mutter alles so getrieben hat mit den Schwänzen fremder Männer!“ Als der widerliche Typ noch weiter ausholen wollte in seiner abartigen Wortwahl und ekelhaften Phantasie, schlug ihm Kevin mit der blanken Faust aus heiterem Himmel und völlig unerwartet mitten ins Gesicht. Der Typ kippte vom Stuhl wie eine Tanne, deren Stamm man soeben mit einer Axt gefällt hatte.

Seine spätere Anzeige wegen Körperverletzung gegen Kevin verlief im Sande, weil außer uns und dem dreckigen Typen niemand anderer anwesend gewesen war, der zu dem Vorfall eine Aussage hätte machen können. Vor Gericht beteuerte ich, dass nichts passiert sei und nein, Kevin hätte den Beamten nicht geschlagen. Das Lügen, das beherrschte ich in meinem Leben nahezu perfekt. Niemals war mir wohl dabei, die Unwahrheit zu sagen, jedoch retteten Lügen manchmal sogar ein Menschenleben und schützten vor empfindlichen Strafen des Gesetzes. Zumindest im Kreise des Rotlichtmilieus, so war ich bereits früh erzogen und in die Kunst, die Tochter einer Hure zu sein, hineingezogen worden. Geleitet durch die Hand meiner Mutter.

Nein, ich war nicht stolz darauf, die Tochter einer Prostituierten zu sein! Mir nachsagen lassen zu müssen, ich sei kriminell, auch nicht. Sollte es jedoch darauf ankommen, würde ich mein Leben, das meiner Familie und meiner Freunde verteidigen. Bis aufs Messer. Es lag in meiner Natur, kriminelle Dinge im Griff zu haben. Irgendwo war ich tief in meiner Seele ein wildes und unzähmbares Kind. Von Anfang an! Seit meiner Geburt! Diese zarte Zurückhaltung, die andere Kinder mit in die Wiege gelegt bekamen, fehlte bei mir.

Vielleicht litt ich an einem Gendefekt!

Niemals aber fehlte es mir an Mitgefühl für Ungerechtigkeiten im Leben.

Meine Seele, sie fühlt tief…

Sehr tief…

Kapitel XI

Das Ende einer Kindheit

Meinen Erbteil legte ich auf ein Konto. Persönliche Dinge meiner Mutter nahm ich mit in meine Wohnung. Zunächst arbeitete ich weiterhin in dem Bordell von Elfriede. Sie gab mir den nötigen Halt, den ich nach dem Tod meiner Mutter dringend brauchte. Zwischendurch versuchte ich, den Führerschein zu absolvieren. Sogar mit dem Gedanken, eine Ausbildung zu beginnen, freundete ich mich an. Die Idee schien mir gar nicht so verkehrt und ich war in der Tat für den Ausbildungsvorschlag von Elfriede, um den Job der Tierarzthelferin zu begeistern! Meine Herkunft versaute mir jedoch alle Möglichkeiten. Immer wieder wurde ich rückfällig, was die Drogen betraf. Kiffen war eine meiner schlechtesten Angewohnheiten. Besonders während meiner Fahrschulzeit. Als ich das Autofahren aufgrund der vielen absolvierten Fahrstunden endlich drauf hatte und kurz vor der Fahrprüfung stand, schloss ich zusammen mit einer Freundin ein Auto kurz und wir unternahmen mit diesem eine Spritztour, wie wir es nannten. Wir wurden dabei leider erwischt und ich erhielt eine Sperre. Den Führerschein konnte ich mir für die nächsten Jahre abschminken! Ebenso wurde das mit einer Ausbildung nichts, weil ich in meiner Persönlichkeit zu instabil war. Das Durchhaltevermögen fehlte mir. Bestimmt war ich nicht dumm. Zu faul war ich! Außerdem hatte ich genügend Geld an meiner Seite ohne arbeiten zu müssen! Mein Leben zu leben, wie andere Menschen es taten, die einer geregelten Arbeit nachgingen, gelang mir, ohne mir die Hände schmutzig zu machen. Gewiss war es meine eigene Bequemlichkeit, die mich daran hinderte, mich endlich aufzuraffen und ein neues Leben zu beginnen. Warum sollte ich ausbrechen aus meiner gewohnten Welt? Mir ging es nicht schlecht…

Als ich 21 Jahre alt war, hatte ich beinahe fünf Jahre lang als Prostituierte in dem Puff von Elfriede gearbeitet. Time to say goodbye…Elfriede nahm mich zur Brust und bereitete mich auf den nahenden Abschied vor. Zu alt sei ich für das Gewerbe in ihrem „Laden“. Sie beschäftigte nur blutjunge Mädchen in dem Club und ich war bereits die Älteste unter ihnen. „Du fängst an zu schrumpeln,

Franzy!“, lachte Elfriede und nahm mich herzlich in den Arm.

Erschrocken war ich über ihre Worte. Außerdem folgte ich ihrer Aussage nicht, dass mein Körper bereits anfing zu altern. Alt fühlte ich mich ebenfalls nicht. Allerdings hatten die Jahre der Prostitution tatsächlich Spuren an mir und meinem Körper hinterlassen. Mein Gesicht war verbraucht. Der Ausdruck meiner Augen leer, ihr Glanz und das Feuer in ihnen verloschen. Für mich war das weniger sichtbar, als für die Männer, die sich an Frischfleisch im Puff vergnügen wollten. Für sie wirkte ich langsam aber sicher ausgeleiert und abgegriffen. Ein menschliches Wrack war ich.

Mit Unmengen an Schminke im Gesicht, damit man meine Augenringe nicht sehen konnte. Meine Brüste waren ebenfalls abgegriffen und hatten ihre straffe Form verloren. Kein Wunder, wenn jeden Tag mindestens drei Männer über mehr als fünf Jahre hinweg an ihnen herumfummelten, daran drückten und lutschend mit ihrem Mund bearbeiteten. Die Freier bevorzugten Mädchen, die knackig und relativ neu in dem Gewerbe waren. „Alte Besen kehren zwar gut, Franzy, aber ich muss mein Geschäft über Wasser halten! Wenn du nicht mehr gefragt bist, unter meinem Publikum, rentierst du dich nicht mehr für mich und mein Geschäft!“ Harte Worte aus dem Mund meiner Puffmutter Elfriede. Dabei war ich diejenige unter den Mädchen gewesen, die die harten Nummern durchzog.

Ich befriedigte die Freier mit den ausgefallensten Phantasien. Für mich gab es kein NEIN und kein TABU. Dafür war nicht jedes Mädchen unter den Huren geschaffen. Abgebrüht war ich! Es gab keine sexuellen Praktiken, denen ich mich hätte entziehen wollen. Heute glaube ich, dass ich mit der Kälte, die mich umgab, hinsichtlich körperlicher Berührungen, meine Schmerzen verarbeitet habe. Verdammtes Glück hatte ich, dass ich mein jahrelanges Geschäft der Prostitution nicht unter der Einwirkung eines Zuhälters ausüben musste. Diese „schmissen" ihre Huren regelrecht weg, wenn sie ihnen nicht mehr dienlich waren. Verkauften sie an andere Zuhälter, die mit „älterem Fleisch" handelten. Vielen der Mädchen vom Straßenstrich begegnete ich nie wieder. Sie waren allesamt verschwunden. Ersetzt worden durch neue Gesichter, jüngere vor allen Dingen. Kinder waren es, die an den Bordsteinkanten standen und auf das schnelle Geld warteten. Viele von ihnen waren nicht älter als 15 Jahre. Das Geschäft des Rotlichtmilieus war so dreckig und abartig! Damals Anfang der 90 er Jahre boomte es unheimlich. Mit 21 Jahren warst du in diesem Gewerbe alt und unbrauchbar, um noch das große Geld zu verdienen! Wenn sie den Puff betraten, die 50-jährigen, Herren, mit ihren graumelierten Haaren, den feinen Anzügen und der Ausstrahlung eines Großvaters, in dessen Armen du dich eigentlich nur ausheulen möchtest, anstatt seinen Schwanz zu lutschen, solltest du nicht älter als 18 Jahre alt sein. Je jünger du bist, desto besser! Am besten bist du ein unschuldiges, jungfräuliches Kind! Der Kinderpornoring, er blühte! Damals wie heute! Die Männer zahlten für die jungfräulichen Nutten, die sie eigens entjungfern durften, an die Zuhälter ein wahres Vermögen. Nicht umsonst verschwanden zu der damaligen Zeit so unendlich viele Kinder und Jugendliche auf Nimmerwiedersehen. Sie wurden aufgegriffen und verschleppt. Erzogen zu kindlichen Prostituierten ihrer Zuhälter, die ihnen hinterhältig ein Leben im Wohlstand versprachen, damit sie willig anschaffen gingen.

Wenn die Mädchen durch die Hände ihrer Freier geschlagen, gedemütigt und misshandelt wurden, war es zu spät, um die Flucht zu ergreifen. Sich aus den Händen eines Zuhälters zu befreien, glich einem Märchen ohne Happy End. Kein weiteres Mädchen außer Susanne kannte ich, dem die Flucht gelungen war. Eines meiner damaligen Lieblingslied „Jeany“ von dem Wiener Popsänger „Falco“, sprach unserer „Szene“ aus den Tiefen meiner Seele. Tagtäglich passierte es auf den Straßen! Am Bahnhof, in den Seitenstraßen, abseits der Hochhaussiedlungen. Überall wurden Kinder verschleppt und Jugendliche aufgegriffen von üblen, finsteren Gestalten. Manche von den Mädchen wurden später öffentlich gesucht, andere hingegen überhaupt nicht vermisst. Die Streifenwagen der Polizei klapperten ab und zu die Straße ab und präsentierten den Nutten gelegentlich Fotos von blutjungen Mädchen, die als vermisst galten. Auf ihre Fragen, ob man eines der

Mädchen gesehen hätte, wurde stets verneint. Egal ob man die Gesichter auf den Bildern nun kannte oder nicht. Jeder hielt seinen Mund. Einige der Mädchen waren lange schon fort von zuhause, weil sie an ein besseres Leben im Drogen und Rotlichtmilieu glaubten. Sie wollten auf gar keinen Fall wieder zurück zu ihren Familien. Anfänglich zumindest nicht! Das änderte sich schlagartig, als die Zuhälter ihnen ihre wahren Gesichter zeigten. Jedoch waren die Mädchen zu dem Zeitpunkt bereits hoffnungslos verloren.

Manchmal glaubte ich, wenn ich aus der Sache meiner Prostitution glimpflich herauskäme, ohne mich mit HIV infiziert zu haben oder durch den psychischen Druck in der Psychiatrie zu landen, wäre das eine beachtliche Leistung in meinem Leben. Immerhin blieb mir die Möglichkeit, mich weiterhin auf privater Ebene zu prostituieren, um meinen Lebensunterhalt zu finanzieren. Wenn ich bei Elfriede und den Mädchen die Platte putzen musste, so müsste ich dennoch weiterhin meinen Lebensunterhalt bestreiten. Einige von ihren Kunden würden mir garantiert weiterhin die Ehre geben, auch außerhalb des Bordells. Weil ich so lieb und artig ihre perversen Fickspielchen und grauenvollen Phantasien über mich ergehen ließ. Es gab kein NEIN bei mir! Widerstandsloses und williges Fleisch war ich gegenüber den Freiern. Wenn ich mich heutzutage selbst beschreiben soll, mit so wenigen Worten wie möglich, so war ich eine eiskalte Hure. Kälter als meine Mutter wahrscheinlich und sie war schon abgebrüht. Du nimmst dir als Kind vor, niemals so zu werden wie deine Eltern es dir gegenüber waren und dann… wirst du viel schlimmer als sie! Das ist der vorgegebene Weg des Schicksals, wenn du in das Elend hineingeboren wirst! Du hast kaum eine Chance auszubrechen. Mit einem lachenden und einem weinenden Auge verließ ich schließlich meine Puffmutter Elfriede und ihre Mädchen. „Du schaffst das Franzy! Lass dich niemals unterkriegen!“ „Komm uns besuchen!“ „Vergiss uns nicht!“ „Pass auf dich auf!“ All diese Worte des Abschieds bedeuteten für mich Hohn und Zuneigung zugleich. Meine Gefühle waren gespalten. In dem Puff hatte ich ein Zuhause gefunden und Anerkennung erfahren. Dort hatte ich alles bekommen, was mir von daheim seit jeher fehlte. Die Arbeit im Bordell prägte mein Leben. Ich umarmte Elfriede und gab ihr einen Kuss auf die Wange. Sie war in all den Jahren so etwas wie eine Ersatzmutti für mich geworden. „Du kannst immer zu mir kommen, wenn du ein Problem auf dem Herzen hast, Franzy!“ Elfriede hatte Tränen in den Augen, als sie mich in den Arm nahm und an ihre Brust drückte. „Bleib sauber, Mädchen!“, schluchzte sie. Tagelang saß ich starr und regungslos in meiner neuen Wohnung. Es war, als wäre das Leben stehengeblieben, weil es auf eine Antwort von mir wartete. Eine Antwort, wie es weitergehen sollte. Das wusste ich selbst nicht einmal. Eine Dachgeschosswohnung hatte ich angemietet. Im Grunde genommen war sie wunderschön.

Man hätte etwas aus diesen vier Wänden machen können. Wenn man Lust auf räumliche Gestaltung gehabt hätte. Das hatte ich natürlich nicht. Mir war die Lust an allem irgendwie völlig abhanden gekommen. Abends, wenn die Sonne über den Dächern der Stadt unterging, saß ich auf dem Balkon und blickte verträumt in die Ferne. Genau wie ich es in meiner Wohnung vom Bordell getan hatte. Hoch hinaus wollte ich. Einmal den Himmel berühren! Jeden Abend betrat ich den Balkon. Von dort aus glaubte ich nach den Sternen greifen zu können.

Bis spät in die Nacht saß ich im Dunklen und ließ meinen Blick in die Ferne schweifen. Eine einsame Kerze brannte auf der Balkonbrüstung. In ihrem Flackern erkannte ich die Hölle meines vergangenen Lebens, während ich über die Dächer der Stadt und ihren vielen Lichterspielen mit meinem Blick bis zum Horizont schweifte. Das waren Glücksmomente meines Lebens. Meistens hatte ich meinen Walkman dabei und hörte Lieder meiner Lieblingsgruppe „Pur“. „Hab mich wieder mal an dir betrunken“ dudelte die ganze Nacht. Raum und Zeit existierten nicht mehr. Versunken im Land der Träume, irgendwo zwischen irgendwo und nirgendwo, das war ich. Zwischendurch hielt ich mich mit dem Kiffen bei Laune und das Leben ging irgendwie weiter. „Franzy! Geldverdienen! Aufwachen, du Träumerin!“, sprach meine innere Stimme. Ab und zu rüttelte sie mich wach, die Stimme des Herzens! Manchmal fragte sie: „Warum gibst du dein Leben nicht einfach auf, Franzy, und verschwindest auf Nimmerwiedersehen?“ Meine Gefühlsschwankungen waren gefährlich. Labil und depressiv war ich. Meine Persönlichkeit war gespalten. Eine hochgefährliche Mischung, die mich in den Selbstmord hätte treiben können. Meine Dämonen krochen erneut aus den Winkeln meiner Seele und zeigten ihre ekelhaften Fratzen. Die Tage, an denen ich die Männer kreuz und quer in die Hölle ritt, kehrten zurück. Wie ein wildes Tier fiel ich über sie her und sie über mich.

Manchmal wurde ich getrieben von lüsternen Gedanken, einige der Herren ihre Schwänze zu amputieren oder auf bestialische Weise abzuschneiden. Es hätte mir nichts ausgemacht, mit anzusehen, wie sie sich schreiend ihren letzten Zipfel am Sack hielten. Blutüberströmt ihre Unterhosen, das Blut durch ihre Hände rinnend und in ihre teuren Schickimickianzugshosen sickernd. Erbarmungslos lachte ich sie aus. Die dreckige Sprache, in der sie ihre Neigungen rechtfertigten, wirkte abstoßend und ekelerregend auf mich. „Gut, dass es dich gibt, ansonsten müsste ich kleine Kinder ficken!“ „Meine Triebe möchten dir das Gehirn rausvögeln, du elendige Nutte!“ „Du hast schlaffe Brüste, schaff dir mal ein Kind an, dann stehen die Dinger wieder!“ „Lass doch mal eine Operation machen, Franzy, dann hast du Brüste wie Pamela Anderson!“ „Ich möchte gerne meinen ganzen Kopf in deine Eingeweide reinschieben, um mal nachzusehen, wie deine Muschi von innen aussieht!“

„Dein Fötzchen ist ausgeleiert!“ „Deine Mutter hat besser gefickt als du!“ Ganz ehrlich? Bei all diesen widerlichen Worten, wer hätte da nicht über eine Kastration bei vollem Bewusstsein der widerlichen Freier nachgedacht? Eines Tages stand aus heiterem Himmel Paul vor meiner Tür. Erschrocken war ich, aber nicht fassungslos. Irgendwie ahnte ich, dass wir uns noch einmal wiedersehen würden in diesem Leben. Das Leben ging weiter und auch Paul lebte nicht ewig. Der Zahn der Zeit nagte schließlich auch an ihm.

„Ich möchte mir dir reden, Franzy!“, gestand er mit hängendem Kopf und rechtfertigte somit seinen für mich doch etwas überraschenden Besuch.

In meiner Küche wies ich ihm einen Stuhl zurecht und wartete gespannt, warum er hergekommen war, und was er mir zu sagen hatte. „Deine Mutter“, stotterte er. „Ja, was ist mit ihr?“, drängte ich. „Wir hatten noch einmal

Kontakt! Meine Freundin erzählte mir von deinem Besuch und ich besuchte daraufhin deine Mutter. Es ging ihr wirklich sehr schlecht. Sie sprach von ihrem nahenden Ende und dass das Leben für sie keinen Sinn mehr machen würde. Ich hätte ihr nicht mehr helfen können! Deine Mutter war fertig mit sich und der Welt. Das war sie bereits seit vielen Jahren. Dennoch versuchte sie immer stark zu bleiben und ließ sich nichts anmerken. Im Herzen war sie jedoch längst eine gebrochene, tote Frau!" Pauls Worte trieben Tränen in meine Augen und trafen mich hart. „Bist du mein Vater, Paul?"

Der Verdacht, dass Paul mein leiblicher Vater sein könnte, drängte sich immer mehr in den Vordergrund. Schweigend dachte er über meine Frage nach. „Franzy, ich bin schwer krank! Ich habe Lungenkrebs und meine Lebenserwartung ist nicht mehr sehr hoch! Mir bleibt nicht viel Zeit, daher möchte ich, dass wir einen Vaterschaftstest machen lassen!" Paul zündete sich mit seinem vergoldeten, edlen Zippo-Feuerzeug, dessen Verschluss er beständig auf- und zuschnappen ließ, was mich ganz nervös machte, ungehindert dessen, dass er dem Tod bereits ins Auge blickte, eine Zigarette an und inhalierte den Qualm tief in seine krebsdurchwucherten Lungenflügel. In dem Moment wäre ich fast vom Stuhl gefallen. Komplett durcheinander war ich. Einerseits traf mich sein nahender Tod ungemein, anderseits war ich unglaublich wütend. Mein unendlicher Zorn überlagerte mein Mitleid. Die Gefühle fuhren Achterbahn. Für einen

Moment überlegte ich sogar, Paul mit der blanken Faust die Zähne auszuschlagen. „Du hast es die ganze Zeit gewusst? Dass es möglich wäre, dass du mein Erzeuger sein könntest?“, schrie ich aufgebracht. Paul nickte traurig. „Ja, Franzy, und es tut mir sehr leid!“ „Es tut dir leid?“ Sprachlos war ich. In dem Moment hoffte ich für Paul, dass ich niemals seine leibliche Tochter wäre! Wenn dem so sein sollte, würde ich ihm sein restliches Leben zur Hölle machen, darauf konnte er wetten! „Warum bist du so aufbrausend, Franzy?“ Paul verstand meinen Zorn nicht. Anscheinend war ihm in all den Jahren nicht bewusst gewesen, wie sehr ich als Kind unter dem fürchterlichen Leben meiner Mutter gelitten hatte. Dachte er, nur weil er mich zum Reitunterricht gefahren und Dessous mit mir eingekauft und ausgesucht hatte, dass er dadurch meiner kleinen geschundenen Kinderseele den innerlichen Frieden vermittelt hätte? Am liebsten hätte ich ihm mitten ins Gesicht gespuckt. Er lebte in Saus und Braus, fuhr einen dicken fetten Maserati unter seinem verfickten Arsch, vögelte sich kreuz und quer durch die halbe Weltgeschichte und erklärte kurz vor seinem Ableben der möglichen Tochter seiner ehemaligen Hure, dass er ihr Vater sein könnte. „Du bist das Allerletzte, Paul!“ Paul blickte beschämt zu Boden. „Ich kann die Vergangenheit nicht mehr rückgängig machen, Franzy! Möchtest du diesen Test oder möchtest du ihn nicht?“ Die Frage konnte ich so schnell gar nicht beantworten, so geschockt war ich über die Dinge, die auf dem Küchentisch ausgebreitet zwischen uns lagen und ungehindert ihren Lauf nahmen. Aus allen Wolken fiel ich. Wieder einmal in meinem Leben! Paul und ich verständigten uns darauf, dass ich einige Tage Bedenkzeit brauchte. Auf der einen Seite wollte ich es wissen, natürlich. Auf der anderen dachte ich bei mir, dass es vielleicht besser wäre, die Vergangenheit endlich ruhen zu lassen. Es hätte mich zutiefst hinunterreißen können in weitere Depressionen.

Im Badezimmer stand ich und sagte meinem Spiegelbild ins Gesicht: „Irgendwann wirst du in der Klapsmühle landen oder ins Gras beißen, Franzy, weil andere Menschen dein Leben kaputt gemacht haben!“ Langsam beschlich mich der Gedanke, dass ich vielleicht falsch reagiert hatte, Paul so anzuschreien. Er war immer gut zu mir gewesen, tröstete mich, wenn ich als Kind traurig war. Wir lachten und weinten zusammen. Paul machte Faxen mit uns Kindern, er war für uns ein guter Vaterersatz. Es war gemein von mir, all diese grässlichen Gedanken für ihn zu hegen. Überreagiert hatte ich aus lauter Verzweiflung. Überfordert war ich mit der Situation. Schließlich gab ich Paul mein Einverständnis zum Vaterschaftstest. Klar wollte ich wissen, ob Paul mein Vater war. Geändert hätte sich dadurch für mich wahrscheinlich nichts Grundlegendes. Meine Frage, ob Paul auch der mögliche Vater von Kevin und Jolene sein könnte, verneinte er. Paul versprach hoch und heilig, dass er nicht wisse, wer als Erzeuger für meine Geschwister in Frage käme. Jolene wollte sicherlich in ein paar Jahren ebenfalls erfahren, wer ihr leiblicher Vater war. Bis dahin waren bestimmt einige Personen bereits verstorben, die ihr in diesem Bezug hätten weiterhelfen können. Also musste ich alles Wichtige von Paul erfahren, bevor er seiner heimtückischen Krankheit erlag. Dieses Geheimnis um die Väter meiner Geschwister konnte auch er nicht lüften. Jolene würde wahrscheinlich immer unwissend bleiben. Der Test bestätigte, Paul war zu 99,9 Prozent mein Vater. Ich kann es kaum in Worte fassen, wie ich mich damals fühlte, als das Ergebnis feststand. Unglücklich und glücklich zugleich war ich. Mein Gott, was hätte ich dafür gegeben, wenn sich zwischen Paul und mir eine Vater-Tochter -Beziehung entwickelt hätte. Auf eine gewisse Weise liebte ich Paul, ich mochte ihn sehr. Paul schien ebenfalls über sein Leben nachzudenken. Mit seiner Vergangenheit setzte er sich auseinander und versuchte tapfer, zwischen uns Versäumtes nachzuholen. Kaum gewöhnten wir uns an diese Tatsache, dass wir Vater und Tochter waren, schlug das Schicksal erbarmungslos zu. Es ging alles sehr schnell. Paul verstarb nur wenige Wochen, nachdem wir erfuhren, dass wir blutsverwandt waren. Paul verreckte elendig am Krebs! Der Tod entzweite uns, trennte uns auf gnadenlose Weise. Keine Zeit des Abschieds blieb.

Keine Zeit der Worte. Keine Zeit für weitere Gespräche. War ich traurig, die Wahrheit zu erfahren, dass Paul mein Vater war? Traurig darüber, dass er kurz, nachdem ich die Gewissheit erhielt, verstarb? Sein Tod machte mich unendlich traurig, ja! Weil er viele ungeklärte Fragen zwischen uns zurückließ und Paul einen großen Teil möglicher Antworten mit ins Jenseits nahm. Sein Testament hatte er kurz vor seinem Tod, nachdem die Ergebnisse des Vaterschaftstest vorlagen, auf mich abgeändert. Das war wahrscheinlich einer der Gründe, warum er mich überhaupt aufgesucht hatte. Um mir sein Erbe zu hinterlassen, falls ich tatsächlich seine Tochter war. In meinen Augen fand ich es jämmerlich und erbärmlich, dass Paul sich nicht viel eher um einen Vaterschaftstest bemüht hatte. Diese Tatsache machte mich leider auch im Laufe der voranschreitenden Zeit immer wieder wütend. Ungeliebt fühlte ich mich und um meine Kindheit betrogen! Was sollte ich mit all seinem Geld? All die Jahre lang hätte ich einen wirklichen Vater an meiner Seite gebraucht! Einen Vater, der mich immer wieder aufgefangen, getröstet, aber auch ermahnt und gefordert hätte. Einen Vater, der mich aus seinem tiefsten Herzen liebgehabt hätte! Ein kaputter, zerstörter Mensch war ich, als Paul endlich mit der Wahrheit rausrückte! Viel zu spät trat er damit in mein Leben! Alles schien mir verloren. Meine Ehre und all das Glück im Herzen, von dem ich jahrelang nur träumen durfte, statt es leben zu können….Betrogen fühlte ich mich und beraubt! An Geld mangelte es mir zunächst nicht, jedoch konnte ich mich an dem plötzlichen Geldsegen nicht erfreuen. Wie bitter! Der Boden wurde mir unter den Füßen fortgerissen. Durch die unzähligen Schicksalsschläge in meinem Leben war ich schwer gebrandmarkt. Im

Gegenzug, als Entschädigung, warf mir das Schicksal einige tausend Mark vor die Füße oder besser gesagt um die Ohren. Als ob es sich bei mir entschuldigen oder mich besänftigen wollte! Das Erbe von Paul war von beachtlicher Höhe. Bevor er starb, erwähnte er einmal lapidar: „Franzy, endlich kannst du dein Leben so gestalten, wie du es immer haben wolltest! Du wolltest dir ein Pferd kaufen und glücklich sein! Jetzt kannst du es! Geh! Schreite hinaus und erlebe endlich all die vielen Dinge, die dein Herz berühren und es erfreuen! Du kannst all das tun, was du immer tun wolltest! Du kannst ein Leben in Freiheit leben!!“

FREIHEIT!...

„Sie haben ausgesorgt, Frau Friedrich!“, lächelte der Notar, als ich die Erbschaft durch meine Unterschrift nach Pauls Beerdigung besiegelte. Ein müdes Lächeln huschte über meine Lippen.

Vielleicht hätte ich nicht mehr anschaffen gehen müssen in der nächsten Zeit, um meinen Lebensunterhalt zu finanzieren, aber…

Welch einen hohen Preis hatte ich für meine Geburt und den anschließenden, äußerst mühsamen Lebensweg bezahlt? Das versteht wahrscheinlich nur jemand, der meine Geschichte vom Anfang bis zum Ende kennt. Als ich Kevin erzählte, dass es sich bei Paul um meinen leiblichen Vater handelte, sagte er gefühlskalt: „Ich hoffe inständig, dass er nicht auch meiner war! Ich wünsche mir nichts sehnlicher, als dass mein Vater keiner von diesen elendigen, dreckigen Wixern war, Franzy! Ich bin nicht stolz darauf, ein Hurensohn zu sein!“

Mir fehlen an dieser Stelle die Worte für meinen eigenen Bruder. Von Traurigkeit zerfressen und im Herzen ein gebrochener Mensch, trieb mich mein Leben gnadenlos weiter voran. „Das Leben wartet nicht und es hält nicht an. Wenn du den Anschluss verpasst und aufgibst, hast du verloren.“Also nahm ich Anlauf und sprang wieder hinauf. Auf den fahrenden Zug des Lebens! Hier endet die Geschichte „Vergessenes Kind“ und es beginnt die Geschichte einer „Vergessenen Frau“.

Die Geschichte der „Vergessenen Frau“ braucht Zeit, Abstand und Raum zu dieser, um sie zu erzählen…

Ende

All das Lächeln, ich weiß, was es braucht um diese Stadt zu täuschen.

Ich werde es tun, bis die Sonne untergeht und die ganze Nacht werde ich dir erzählen, was du hören willst.

Lasse meine Sonnenbrille auf, während ich eine Träne vergieße.

Es ist niemals die richtige Zeit…

(Sia Unstoppable)

Nachwort zum Buch von Franzy Friedrich

Das Ende meiner Geschichte! Ist es das Ende? Nein! Natürlich ging es weiter, mein Leben! Lediglich die Geschichte von „Vergessenes Kind“ findet hier ihr Ende, muss ihr Ende finden! Alles, was später geschah, soll, falls ich sie irgendwann einmal erzählen möchte, die weitere Geschichte, den Titel „Vergessene Frau“ tragen. Deshalb möchte ich es zunächst hier enden lassen! Ich vermute, dass einige von Euch gerne wissen möchten, wie es weiterging in dem Leben der Franziska Friedrich. Was aus meiner kleinen Schwester wurde, ob ich „sauber“ blieb in all den Jahren und ob es mir gelang, der Prostitution den Rücken zu kehren? Wozu verwendete ich letztendlich das geerbte Geld, welches mir Paul vermacht hatte, der Freier meiner Mutter, der mein Vater war? Fragen über Fragen! Dazu sage ich nur so viel, Geld ist vergänglich und am Ende (heute) blieb mir nicht viel, außer meinem nackten (Über-) Leben! Meine „Autorin“ (Ghostwriterin) und mittlerweile sehr gute Freundin Anais C. Miller hat mir auch all diese Fragen gestellt. Ich antwortete ihr: „Vielleicht kommt irgendwann der Tag, an dem wir meine Biografie wieder aufgreifen, liebe Anais!“ Dann trägt das Buch allerdings den Titel „Vergessene Frau“. Das ist mir sehr wichtig! Ich habe in meinem Leben niemals etwas Vernünftiges auf die Reihe bekommen! Ich muss Euch nichts beschönigen. Ihr kennt meine Geschichte. Ihr wart hautnah mit dabei!

Die Bücher bedeuten mir sehr viel. Sie sind im wahrsten Sinne des Wortes mein Leben! Diese Bücher sind alles, was mir aus meinem fürchterlichen Leben geblieben ist und sie werden für immer existent bleiben, auch wenn es mich irgendwann nicht mehr gibt. Einen großen Dank möchte ich zunächst Anais C. Miller aussprechen. Sie hat meine Biografie mit all ihrem Herz- und Seelenblut geschrieben! Anais ist so etwas wie meine Seelenverwandte und Schwester zugleich für mich geworden. Ich habe dich sehr lieb, Anais! Du hast immer einen Platz in meinem Herzen! Danke für das Werk, das wir heute „BESTSELLER“ nennen dürfen! Seit Erscheinen liegt meine Biografie auf Platz 1 in der Rubrik „Frauenbiografien, Soziales, Missbrauch und

Biografische Erinnerungen! Du hast meine Geschichte zu dem gemacht, was sie heute ist! Ein Buch, das die Menschen berührt und ein Buch, das nachdenklich macht. Ich kann in meinem Leben lesen, wenn ich das möchte und ich kann die Geschichte auch genauso gut zuklappen und beiseite legen. Du hast mir von Anfang an meine Lebensgeschichte abgenommen und an sie und mich geglaubt! Hattest niemals Zweifel an dem, was ich dir erzählt habe! Die Menschen fragen, warum ich einen Selbstmordversuch hinter mir habe! Ich tat dies aus Verzweiflung über mein wertloses Leben und weil manche Menschen meiner Geschichte keinen Glauben schenken! Das ist das Schlimmste für mich! Zu lesen, dass Menschen sagen, das kann doch alles so gar nicht gewesen sein!

Schlimm und traurig ist auch, wie manche Menschen über meine Geschichte und mein Leben urteilen! Es ist im Gegenzug so wunderbar, Rezensionen zu lesen, in denen geschrieben wird, dass die Leser es unglaublich mutig finden, dass ich einen Teil meines Lebens preisgegeben habe…!

Das tut unendlich gut!

Danke!

Und bitte bedenkt, wenn Ihr Rezensionen schreibt, seid gnädig! Anais C. Miller hat nicht mit einem Diktiergerät neben mir gesessen. Sie hat sich in meine Geschichte eigenständig mit ihren Gefühlen und Gedanken eingebracht. Anais hat aus meinen Erzählungen eine zusammenhängende Geschichte geschrieben. Wenn es Widersprüche gibt oder Ungereimtheiten, ja, mein Leben war in der Tat ein einziges Durcheinander, seht es also bitte nicht zu eng. Ein chaotisches Leben, das schlimmer nicht hätte sein können und ich lebte mittendrin in diesem Dreckhaufen! Wir sind alles Menschen und keine Perfektionisten.Meine Biografie muss nicht perfekt geschrieben sein, damit sie Eure Herzen berührt; sie muss authentisch sein. Ihr müsst an sie glauben und Euch in die geschriebenen Zeilen einfühlen können, dann wird sie euch mitreißen und ihr werdet sie und mich, das Mädchen Franzy, so schnell nicht vergessen! Natürlich hätte man sie besser schreiben, anders aufbauen oder enden lassen, dieses oder jenes tun können! Jedoch, ich habe sie euch erzählt und das war sehr mutig von mir! Manchmal bin ich verunsichert und denke für einen kurzen Moment, es war falsch, vor allem, wenn ich so bösartige Rezensionen lese teilweise, aber im Grunde genommen war es genau richtig, sie zu erzählen. Wenn meine Geschichte nicht vergessen wird, bin ich kein vergessenes Kind mehr! Sie hat mich befreit und mir im Herzen Freiheit geschenkt, nach der ich mich so viele Jahre lang gesehnt habe!

Das verstehen wahrscheinlich nur diejenigen Menschen, die mit dem Herzen sehen können, denn das Wesentliche ist für die Augen unsichtbar!

Danke an Maria Willenshöfer!

Franzy

Nachwort von Anais C. Miller

Traurig bin ich, dass dieses Projekt zunächst zu Ende ist. In Franzy habe ich eine besonders liebe Freundin gefunden. Die gemeinsamen Treffen mit ihr waren emotional sehr intensiv und für mich tiefberührend. Franzy ist ein fester Bestandteil meines Lebens geworden. In ihre Geschichte konnte ich mich von Anfang an gut einfühlen. Die Bücher schrieben sich, geführt wie von Geisterhand. Beinahe unheimlich…

Dass wir alle uns in Teil III noch lesen, zeigt, dass euch die Biografie von Franzy ebenso mitgerissen und im Herzen berührt hat, wie mich. Franzy hat ihre Mutter trotz der traurigen Geschichte sehr geliebt! Ich persönlich glaube, das ist das tückische an solch schwerwiegenden Biografien. Wenn Kinder im Brennpunkt ihrer Eltern gefangen sind, so steht dennoch stets ihre bedingungslose Liebe im Vordergrund. Ein Kind liebt seine Eltern, egal wie viel Leid ihm angetan wird und wurde. Das ist für mich eine wichtige Nachricht des Buches! Eine, die manche Menschen zum Nachdenken anregen sollte! Menschen, die ihre Kinder misshandeln und verwahrlosen lassen! Menschen, die selbst Opfer von

Misshandlungen , Vergewaltigungen und Vernachlässigung sind! Niemals die Hoffnung aufgeben und immer kämpfen für das Gute im Leben, das zeichnet „Leben“ aus! Kinder können lieben, obwohl sie selbst keine Liebe empfangen…

Franzy schenkte mir zum Abschied ihren Glücksbringer. Den Engelanhänger, den ihr einst Freundin Susanne geschenkt hat. Von diesem habe ich ein Foto beigefügt. Es ist schwierig zum Schluss die richtigen Worte zu finden. Meine Tränen zum Abschied haben gezeigt, wie tief Franzy in meinem Herzen verankert ist.

Ich wünsche ihr für die Zukunft alles Gute!

Und ja, wir bleiben Freunde!!

Ziemlich beste Freunde sogar! Nie wieder wird es mir gelingen, ein Buch wie dieses zu schreiben, das annähernd einen solchen Erfolg haben wird. Vergessenes Kind wird immer etwas Besonderes bleiben. Ob Franzy und ich uns später noch einmal zusammensetzen und das Projekt „Vergessene Frau“ in Angriff nehmen, um Franzys Lebensgeschichte weiterzuerzählen, bleibt ungewiss. Wir möchten zunächst erst einmal schauen, wohin dieses Projekt geht, wie es sich entwickelt, wie die Meinungen zum Buch sind.

Einen finanziellen Anteil am Buch möchten wir für einen guten Zweck spenden, falls etwas Nennenswertes an Beträgen zusammenkommen sollte. Wohin es gehen wird, darüber haben wir noch keine Entscheidung gefällt. Auf der Seite Vergessenes Kind unter Facebook könnt ihr alles Weitere verfolgen!

Du schreibst und erlebst nur einmal im Leben etwas ganz Großes…

Anais C. Miller

Liebe Anais,

diesmal möchte ich nicht mehr auf dieses Buch eingehen. Längst wurde alles darüber gesagt, alle Gedanken dazu geschrieben!

Beindruckend fand ich deine Unerschrockenheit. Du hast Mut bewiesen! Ja, den hast du! Denn du gabst Franzy die Gelegenheit aus ihrem Leben zu berichten. Auch als eine Woge der Entrüstung und die der Anfeindungen über dich hinwegrollte, hieltest du an deiner Entscheidung fest, ihre Lebensgeschichte niederzuschreiben. Du warst für Franzy ein Licht der Hoffnung.

Als du damals mit der Bitte an mich herangetreten bist, ich möge doch die Skripte von „Vergessenes Kind“

lesen, zögerte ich zunächst. Zu sehr hatte ich die Befürchtung, dass ich dem nicht gewachsen war. All diese fürchterlichen Details, all dieser Ekel, all diese Perversionen und mittendrin ein junges Mädchen! Nur schwer konnte ich mich mit dem Gedanken anfreunden, in solch eine Geschichte eintauchen zu müssen. Schlussendlich entschied ich mich dann doch dazu. Ich wurde dein Schatten. Dieser Schatten, unsichtbar für die Leser, aber dennoch immer vorhanden, nahm seine Arbeit auf und begann damit, die Zeilen zu erfühlen, sich zwischen ihnen umher zu bewegen. Er legte sich über Buchstaben, Sätze und Seiten, verbarg manches für immer, anderes rückte er behutsam zurecht.

Gelegentlich kam es vor, dass er sogar Platz für seine eigenen Gedanken schuf und diese Wörter und Sätze ruhen nun sanft und harmonisch gebettet inmitten der deinen. Aber auch solch ein Schatten ist nicht unfehlbar und es kann vorkommen, dass er im Labyrinth der Wörter Fehler übersieht. Wenn das geschieht, so zeigt es ja nur, dass hier ein Mensch am Werk war, und keine Maschine. Denn würde der Schatten danach streben, perfekt zu sein, würde er sich Fesseln anlegen...

Anais! Du bist das Licht, ich der Schatten. Lange Zeit tanzten wir miteinander, wir bewegten uns im Takt der Wörter. Diese Zeit hat mich vieles gelehrt, dadurch konnte auch ich mich weiterentwickeln. Auch erkannte ich, dass Vertrauen ebenso wichtig ist, wie der Glaube an sich selbst! Nicht immer geht es darum wie man es macht, sondern warum man es macht.

Wenn ich jetzt meinen Namen preisgebe, dann tue ich dies, um mich bei dir zu bedanken, und dir zu zeigen, dass du meine vollste Anerkennung hast.

Deine Freundin. Deine Lektorin. Dein Schatten.

Maria Willenshofer

Ps.: Nachfolgend habe ich mir erlaubt, einige Worte an Franzy zu richten…

Liebe Franzy,

unzählige Stunden tauchte ich in dein Leben ein und ich betrachtete es durch deine Augen. Es war wie ein Film, den ich manchmal anhalten musste, um aus diesen unzähligen, aneinandergereihten Bildern lesen zu können. Immer und immer wieder ließ ich dein Leben an mir vorüberziehen, vor und zurück, vor und zurück. Du kannst dir gar nicht vorstellen, wie oft ich deinen geschundenen Körper gesehen habe, deine Verzweiflung und deinen Trotz gespürt habe! Deine Tränen, sie waren so nah und doch unerreichbar für mich. Oftmals wünschte ich mir für dich, dass du einfach Frieden findest. Vielleicht hattest du ihn ja auch! Kurz nur, auf dem Balkon, als du über die Lichter der Stadt blicktest.

Dort sah ich dich sitzen, glücklich lächelnd. Dieses ruhige Standbild berührte meine Seele, und ich dachte mir: „Genieße es, Franzy, genieße es!“ Nun endet dieser Film für mich und somit bedeutet es auch, dass die Seiten geschrieben, deine Geschichte erzählt und sie nun friedlich in einem Buch ruht. Und genau das erhoffe ich mir auch für dich! Dass du die Tür zu deiner Vergangenheit schließt und dadurch Ruhe findest.

Franzy, ich möchte dir nur einen Satz mit auf deinen weiteren Lebenswege geben und ich hoffe, du verstehst ihn! Die Vergangenheit ist der Tod, die Zukunft ist das Leben und du bist die Gegenwart.

Deine Lektorin

Ich werde lieber für das gehasst, was ich bin, als für das geliebt zu werden, was ich nicht bin…

Kurt Cobain

Ich wollte nie etwas besitzen, dessen Verlust ich nicht verkraften könnte!

Casper

36346808R00092

Printed in Poland
by Amazon Fulfillment
Poland Sp. z o.o., Wrocław